スキルコードで深める中学校英語科の授業モデル

［編著］
吉田 和史

［著］
秀明中学校・高等学校
秀明大学学校教師学部附属
秀明八千代中学校・高等学校

Ｇ学事出版

推薦のことば

清原 洋一

秀明大学学校教師学部教授
前文部科学省初等中等教育局主任視学官

　社会はめまぐるしく変化し、複雑で予測困難な時代となってきている。そのような中、一人ひとりの可能性をより一層伸ばし、新しい時代を生きる上で必要な資質・能力を確実に育んでいくことを目指し、学習指導要領の改訂が行われた。

　育成すべき資質・能力については、「知識及び技能」「思考力，判断力，表現力等」「学びに向かう力，人間性等」の三つの柱で整理している。そして、これらの資質・能力が着実に育成されるよう、「主体的・対話的で深い学び」の実現に向けた授業改善を推奨している。「単元や題材など内容や時間のまとまりを見通しながら，生徒の主体的・対話的で深い学びの実現に向けた授業改善を行うこと」と学習指導要領に示されているように、教育実践においては、ある程度まとまった内容や時間を見通して、いかに授業を具体的に設計し実践していくかが鍵となる。しかも、「カリキュラム・マネジメント」が強調されているように、各学校においては、学校全体で教育課程を軸に学校教育の改善・充実の取組を進めていくことが大切となる。

　そのような中、秀明学園の実践研究をもとに『スキルコードで深める中学校の授業モデル（全5巻）』が出版されることとなった。この本は、教師が指導計画や指導案を作成し、授業を実践していく際、資質・能力を育成する授業の流れを可視化し、より確かなものにしていこうとする取組をまとめたものである。授業を設計していく際には、「何（単元や題材などの内容）」を、「どのように」学び、「何ができるようになるか（育成を目指す資質・能力）」といった具体的な指導や支援の一連の流れをイメージすることが大切である。本書においては、ブルームらが提唱した教育分類学（改訂版タキソノミー、2001年）に基づいて制作した『スキルコード』の活用を提案している。育成する資質・能力を、ブルーム・タキソノミーの認知過程と対応させることにより、資質・能力およびそこに至る学習過程を俯瞰的にみることが可能になってくる。このような過程を踏みながら検討することにより、1時間の授業ということに留まらず、単元や題材など内容や時間のまとまりの中で、ある意味戦略的に授業を設計して実践し、さらに、授業実践を振り返り、改善・充実につなげていくことが期待される。

　本書は、教師の教育実践の参考となるだけでなく、これから教師となることを志望する学生にとっても意味のあるものである。是非、本書を参考に教育実践を行い、教育の改善・充実の取組がさらに進んでいくことを期待したい。

はじめに

シリーズ監修者　富谷 利光

秀明大学学校教師学部教授
秀明大学学校教師学部附属
秀明八千代中学校・高等学校校長

◆資質・能力の育成

　21世紀もすでに5分の1を経ようとしており、世の中の変化は加速度的に増しています。そのような時代の中で、子供たちには未知の状況に対応できる力を身に付けさせることが強く求められております。コンテンツベースから、コンピテンシーベースへの転換です。新学習指導要領もこの方向で整理されていますが、アクティブラーニングの推奨とも相まって、いわゆる「活動あって学びなし」の懸念も再燃しています。現場には、確かな資質・能力を育成する道しるべが必要です。

◆資質・能力の可視化

　秀明大学では、教師教育の必要性から、資質・能力を育成する授業の流れを可視化するための「発問コード」を国語専修で開発しました。学生たちは、指導案の作成や授業実習において、個別の知識についての一問一答を繰り返す傾向にあります。そのような学生たちを「主体的・対話的で深い学び」の指導者に育てるためには、授業の流れを可視化し、授業改善のための意見や指導コメントを一般化する用語体系（コード）が必要でした。「教育目標の分類学（ブルーム・タキソノミー）」等を参考にした発問コードにより、学生たちは一問一答を超える見通しを持って学修に励んでいます。

◆21世紀に求められる知識

　新学習指導要領では、「生きて働く『知識・技能』の習得」が、資質・能力の三つの柱の第一に示されています。ブルーム・タキソノミー改訂版では、知識について【事実的知識（知っている・できる）】【概念的知識（わかる）】【遂行的知識（使える）】のレベルが示されており、「生きて働く『知識・技能』の習得」は、「事実的知識を、概念的知識・遂行的知識にする」と言い換えることができます。秀明学園では、「経験を通して、知識を知恵にする」ことを創立以来実践してきました。個別の知識が概念化され、教科の本質に関わる知恵として備われば、未知の状況にも応用できるようになります。そのためには、実経験が大切だという考え方です。これを発問コードのフレームで可視化して「スキルコード」とし、系

列中学校・高等学校で資質・能力育成の道しるべとしています。

◆ PDCA サイクル

　本学園でも、資質・能力育成への転換は緒に就いたばかりです。定期的に研修授業を行って実践を振り返り、授業改善に取り組んでおり、その際に「スキルコード」が良き道しるべとなっています。本書に収めた実践は教科書の学習を基本としており、決して目新しい方法を提案するものではありませんが、PDCA サイクルを紙上で再現していますので、資質・能力育成への転換の事例として参考になれば幸いです。

◆ スキルコードについて

表1　スキルコード

知識レベル		知識及び技能	思考力，判断力，表現力等	学びに向かう力，人間性等	
		習　得	活　用	探　究	
		基礎力 Kスキル	実践力 Pスキル	探究力 Rスキル	
		対象世界（教科書の内容）		自分軸・他者軸	
教科学習	【事実的知識】 知識の獲得と定着 知っている できる	K1 知識を獲得する 確認する 定着させる	P1 別の場面で 知識を獲得する 確認する 定着させる	R1 自分や世の中について 課題を発見する	知識
	【概念的知識】 知識の意味理解と洗練 わかる	K2 意味内容を理解する 確認する 定着させる	P2 別の場面で 意味内容を理解する 確認する 定着させる	R2 新たな知恵を 獲得・創出する	知恵
	【遂行的知識】 知識の有意味な 使用と創造 使える	K3 知識を使うことで 知識の意味を理解する	P3 別の場面で 知識を使うことで 知識の意味を理解する	R3 知恵によって 自分や世界を変える	
総合・特活	メタ認知的 知識	K4 自分や世界の現状を 理解する	P4 自分や世界の現状を 考える	R4 自分や世界を変える 方略を身に付ける	実経験
教育の目標分類		知識・理解	分析・応用	評価・創造	

【横軸】（K、P、R＝認知過程の高まりを示す）

○横軸には、新学習指導要領の資質・能力の三つの柱を置きました。ただし、「知識及び技能」と「思考力、判断力、表現力等」については、学校教育法第 30 条第 2 項において、「思考力、判断力、表現力等」は「知識及び技能」を活用して課題を解決するために必要

な力であると規定されていることから、両者は不可分のものと捉え、境界を点線としています。

○学びの過程では、それぞれ「習得」「活用」「探究」に相当するものとしています。ただし、「学びに向かう力、人間性」は「探究」よりも広いものだと思われますが、探究の方向性を、「自己や社会、世界を望ましい方向へ変えていく」というベクトルにすることで、「学びに向かう力、人間性」を望ましい方向へ向けることができると考えられます。特に、「豊かな創造性を備え持続可能な社会の創り手となること」（総則第1の3）のためには、探究の過程にSDGs（国連が定めた「持続可能な開発目標」）を関連付けることが効果的です。

○横軸の資質・能力を、秀明学園では「基礎力（Kスキル）」「実践力（Pスキル）」「探究力（Rスキル）」と呼称しています。Kは knowledge、Pは practical、Rは research の頭文字です。なお、Rスキルは、当初は探究の方向性を具体的に示す目的で、Gスキル（国際力）とTスキル（伝統力）に細分していましたが（『中学校各教科の「見方・考え方」を鍛える授業プログラム』学事出版、2018年）、教科学習で汎用的に用いるために統合をしました。

○「教育目標の分類学（ブルーム・タキソノミー）」の改訂版[1]における認知過程の6分類では、「知識・理解」「分析・応用」「評価・創造」というように、それぞれ2つずつが概ね相当すると考えています。

【縦軸】（1、2、3＝知識の深まりを示す）

○縦軸は、「ブルーム・タキソノミー改訂版」の知識レベルに基づき、知識の深まりを視覚的に表すため天地逆にし、次の表2のようにK1・K2・K3としています。

表2　知識の深まりについて

スキルコード	ブルーム・タキソノミー改訂版	中学校学習指導要領（平成29年告示）解説 総則編	秀明学園
K1	事実的知識（知っている・できる）[2]	個別の知識	知識
K2	概念的知識（わかる）	生きて働く概念	知恵
K3	遂行的知識（使える）	新たな学習過程を経験することを通して更新されていく知識	実経験

○新学習指導要領においては、「知識の理解の質を高めること」が重視されており、「教科の特質に応じた学習過程を通して、知識が個別の感じ方や考え方等に応じ、<u>生きて働く概念</u>として習得されることや、<u>新たな学習過程を経験することを通して更新されていく</u>ことが重要となる」と、『中学校学習指導要領（平成29年告示）解説 総則編』で示されています（第3章 教育課程の編成及び実施、第1節3 育成を目指す資質・能力。下線部は筆者）。

○スキルコードでは、「個別の知識」をK1、「生きて働く概念」をK2、「新たな学習過程の経験を通して更新される知識」をK3としています。K3はK2を強化するものという位置付けで、スキルコードはK2の育成を中核に据えています。秀明学園では、「**知恵＝知識＋実経験**」を教育活動の基本方針としており、「生きて働く概念」を「**知恵**」と呼んでいます。

○深い学びとは、知識の面では次のように考えられます。

①個別の知識を概念化して、生きて働く「知恵」にすること。（K1→K2）

②新たな学習過程での経験を通して、「知恵を確かなものに更新する」こと。

（K2→K3（→K2））

○「ブルーム・タキソノミー改訂版」では、「概念的知識を高次の認知過程を経て深く理解することが、『不活性の知識』の問題（学校で学んだことが日常生活で活かせない事態）を解決する上で有効である」[3]と指摘されているそうです。つまり、上記の②の過程（K2→K3→K2）あるいは横軸へ広がる過程（K2→P2→K2など）を通して、概念的知識＝知恵を深めていくことが、日常生活で活かせる「真正の学び」になり、スキルコードはその道しるべとなるのです。

○4番目の「メタ認知的知識」については、総合的な学習の時間や特別活動で育成するという位置付けにしています。

〈参考資料〉

1）中西千春「ブルームのタキソノミー改訂版『認知プロセス領域の分類』を活用するために」『国立音楽大学研究紀要』第50集、2016年

2）石井英真『今求められる学力と学びとは―コンピテンシー・ベースのカリキュラムの光と影―』日本標準ブックレット、2015年

3）石井英真「『改訂版タキソノミー』によるブルーム・タキソノミーの再構築―知識と認知過程の二次元構成の検討を中心に―」『教育方法学研究』第28巻、2002年

◆学習ロードマップ

このスキルコードをもとに、学習過程を「学習ロードマップ」として可視化しました。

K1	P1	R1
K2	P2	R2
K3	P3	R3

このマップを用いて、本書では学習過程をたとえば次のように示しています。

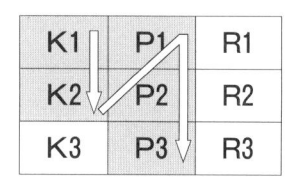

◇ K1→ P1→ P2→ K2

個別の知識・技能を未知の状況に当てはめ、分析・解釈することを通して法則を見出し、概念化する。

上記が概念的知識獲得の典型例ですが、次のように、知識を使う経験を通して概念は強化され、定着していきます。

◇ K1→ K2→ K3

個別の知識を法則化（概念化）し、その法則（概念）を使うことで法則（概念）の理解を確かなものにする（知識の意味を理解する）。

◇ K1→ K2→ P1→ P2→ P3

個別の知識を法則化（概念化）し、未知の別の場面に当てはめて使うことで法則（概念）の理解を確かなものにする（知識の意味を理解する）。

◇ K1→ K2→ R1→ R2→ R3

個別の知識を法則化（概念化）し、教科書の外の世界（自分自身のこと、世の中のこと）の課題を自ら発見してそれに合うように法則・概念を修正し、課題を解決する（実際にはRへ進む際にPを経由することになります）。

いずれの場合でも、**K2（概念的知識、知恵）を必ず通るようにする**ことで、「活動あって学びなし」を回避することができます。また、活動の振り返りの際にはK2に戻り、概念的知識、知恵を確かなものにするという見通しも立ちます。

スキルコードで深める中学校英語科の授業モデル

もくじ

第1部　英語科が目指す、これから求められる「資質・能力」の育成　13

第2部 | スキルコードで深める英語科の授業モデル

21

英語科が目指す、これから求められる「資質・能力」の育成

Ⅰ スキルコードに沿った英語の指導

　新しく物事を学ぶ際の基本的なプロセスは、既存の知識をもとにして新たな知識を獲得するというものである。教科の中でも英語は、特に学習の初期段階ではその多くが未知のものなので、適切な手順で指導を行わなければ学習者にとって学びが困難なものとなる。そうした認識のもとで長年英語の指導にあたっている、いわゆるベテラン教員は、どのような方法で教えていくことが適切であるかを経験的に把握しているはずである。うまくいっている指導を可視化してみると、暗黙のうちにスキルコードに沿った形での指導が展開されているものと思われる。

　スキルコードは新学習指導要領が育成しようとする資質・能力の三本柱に沿った形で、横軸に「知識及び技能が習得されるようにすること」を目標とする基礎力スキル（Kスキル）、「思考力、判断力、表現力等を育成すること」の実践力スキル（Pスキル）、そして「学びに向かう力、人間性等を育成すること」の探求スキル（Rスキル）が配置される。さらに、それぞれのスキルは縦軸方向に事実的知識、概念的知識、遂行的知識の3レベルへと深まっていく。

　基礎力スキル（Kスキル）を育てる指導としては、教科書の内容を理解・定着させることである。実践力スキル（Pスキル）を育む指導では、教科書で学んだ基礎力スキルを生かしながら、教科書から少し離れて類似した課題を考え、知識を知恵へと変えていけるように指導することが指導目標となろう。さらに探求スキル（Rスキル）を養うレベルの指導では、

表1　英語科スキルコード

知恵　＝　知識　＋　実経験

	基礎力 Kスキル	実践力 Pスキル	探究力 Rスキル
	教科書・教材		教科書の外（実の場）
知識	**K1** 語句の知識（音声・意味）を身につける	**P1** 関連する語句（類義語、対義語、派生語等）の知識を身につける	**R1** 多読や英語での表現活動など、実践の場で英語の知識を身につける
知恵	**K2** 文レベルでの知識（音声・意味）を身につける	**P2** 英語表現を別の英語表現で書き換える	**R2** 実践の場で身につけた英語の知識を整理し、正確さを高める
実経験	**K3** パラグラフのレベルで内容を把握する	**P3** 自分の考えを英語で表現する	**R3** 身につけた英語の知識を総動員し、自分の考えを英語で正確に表現する

自らが発見した課題に対し自らの力で解決に取り組むことができるよう導いていくことになる。

　各スキルの指導は三段階に深化していく。最も基礎的な K1レベルの英語指導では、英単語を日本語に訳す、アクセント位置を示すなどの比較的やさしい課題を通じて個別知識を獲得できているかどうかを確認していくことが考えられる。この段階からさらに深化した K2レベルでは、語が結びついた上位のまとまりである句や節、さらには文レベルの英語表現を日本語に訳すことなどを通じ、個別知識の背後にある抽象化した概念を理解できるよう導くことになる。例えば整序問題への取り組みを通して、一つ一つの単語が等間隔に並んでいる背後には、語同士の結びつきの強さの違いや構造があることなどを理解しているかどうか確かめることができる。さらに進んだ K3レベルでは、一つ一つの文を並べ替えて文章を構成するという、より大きな単位での抽象的な構造理解を確認することができよう。基礎力スキルでの指導では、基本例文・教科書を適切に音読できるように指導すること、さらには基本例文や構文の暗唱に取り組ませることも考えられる。

　Ｐスキルの指導では、教科書での学びをうまく生かしながら、教科書から少し離れた類似の課題に取り組むことで、Ｋスキルで定着した知識を実践的に身に着けていくことになる。このスキルを醸成する取り組みとして、単語帳の使用や多読指導を通じて、教科書には出てこなかった語彙を増やしていくことなども考えるとよいだろう。Ｐスキルを育てる指導の具体的な例として、同意語、反意語、類義語、派生語などの知識を問う問題演習が考えられる。学びの状況に応じて指導を工夫すれば、個別の語彙を扱う指導レベルから、接頭辞や接尾辞に注目させて一般性を発見させる指導のレベルに深化させていくこともできる。適切に導いていけば、個別知識から抽象化され構造化された概念が形成されていくことが期待できるのである。また、英文の書き換えといった課題もこのレベルでは考えられる。最初の取り組みとしては空所補充形式のやさしい書き換えから始めてポイント部分の定着を図り、人称や時制などの細かな部分にも目配りができるようになれば、文全体を書き換える課題に取り組むといった形で、少しずつ学びを深化させていくとよい。

　ここまで述べてきたとおり、基礎力スキルの習得を通じて得られた知恵を類似した場面に繰り返し適用する練習を重ねることで、実践力スキルは高まっていく。こうした指導を経てきた最終段階が、探求スキル（Ｒスキル）の指導である。このスキルの指導例としては、英文を読んで（あるいは聞いて）自分の考えを書いたり発表したりすることや、グループで意見交換をして自分の考えをいっそう深めていくことなどが考えられる。扱う話題としては、教科書で取り扱ったトピックなどの馴染みのあるものは取り組みやすい課題であろう。さらには、他教科と連携した教科横断的な指導も期待できる。

　スキルコードに沿った典型的な指導は、左上の K1（個別知識の獲得）レベルから出発し、真下の K2レベル（個別知識から抽象化した概念の獲得）へと深めていく流れである。その後、それまでの学びを通して定着した知恵を類似した状況に適用させていく指導を行う P1レベルへと移行し、さらに P2レベルへと深化させていく。こうした進め方はあくまでも典型的なもので絶対的なものではない。本書の指導事例でいくつも見られるように、K1から

始め、指導者の思慮深い配慮のもと意図的に K3 へ進み、その後、K2 へ戻るといった経路もありうる。教員により、教材により、そして何よりも生徒達の実態に合った指導を心掛ければ、実際の指導手順に様々なバリエーションが出てくることはありうるからである。スキルコードに沿った典型的な指導の道筋はあくまでも一つの指導方法であり、これに沿ったからといってよい指導になるとは限らない。大切なことは、生徒の実態に合わせた指導を心掛けることである。

　具体的な英語の指導や課題がどの枠に入るのかを厳密に考えすぎることも適切ではない。本書の指導事例に見られるように、複数の枠を緩やかにつなぐ形での指導がうまくいっている指導事例も見られるからである。スキルコードの枠組みは便宜上 9 つの枠で示してはあるが、隣り合う枠同士は緩やかに連続していると理解するとよい。

　新学習指導要領では、中学校でも「授業は英語で行うことを基本とする」こととなった。本書の指導事例には英語だけで授業を行う事例は一つもなく、生徒の実態に合わせた形で、日本語での授業が主体となっている。それぞれの指導を見れば英語そのものに触れる機会が少ないように感じられるかも知れない。しかしそうした一方で、日本語との比較対照を生徒に考えさせる指導事例が数多く見られる。eat と「食べる」、go と「行く」の比較、日英語の命令文や接続詞の比較対照、テイル形と進行形・完了形の対比などがそれである。こうした指導には、生徒の実態に合わせながら、ことばそのものへの関心を高めようとする教員の取り組みと工夫が見られる。

II 第 2 部「授業モデル」の各指導案の概説

　以下では、第 2 部の指導事例の概要を述べていく。

①中 1 、Unit 4 、「現在形の意味を理解する力」

　本文から動詞を探す K1 から現在形の意味が分かる K2 へと進む典型的な授業展開である。その後、日英語で異なる語を探させる R1 への橋渡しとして、eat と「食べる」を含む例文の比較検討を行っている。母語である日本語との比較対照を通じて、ことばそのものへの関心を持たせようとする取り組みである。

②中 1 、Unit 5 、「命令文の意味を理解して使用できる力」

　本文から動詞を探し出し命令文を見つけさせる K1 レベルから、命令文の意味を理解する K2 レベルへ深めていく典型的な授業展開である。英語の命令文を日本語に訳すことを通して、英語の命令文に比較すると日本語の命令文が強い響きを持つことに気づかせようとする、ことば自体に興味を持たせようとする指導が特徴である。

③中 1 、Unit 6 、「情報を収集する力（疑問文を用いて）」

　本時の指導は第 2 時であるが、次の第 3 時の内容である数字の発音や時刻を表す際に必要な o'clock といった表現も含めた指導を行っている。時刻を尋ねる What time is it? という表現を定着すべく K1・K2・K3 レベルがゆるやかに連続して融合した指導を繰り返し、目標とする表現が定着したかどうかを確認する P1 レベルのワークシートへ進むという流れである。

教材の使い方を工夫することで、スキルコードに厳密に沿った段階的なステップアップをせずとも適切な指導が行われている好例である。

④中１、Unit 7、「現在形の意味を理解して使用できる力」

①と同様、本文から動詞を探す K1から現在形の意味が分かる K2へと進行する典型的な授業展開である。その後、日英語で意味にずれのある語を探させる R1への橋渡しとして、go と「行く」を含む例文の検討を行っている。ここでもやはり、母語である日本語との比較対照を通じ、ことばそのものへの関心を持たせようとする取り組みが見られる。

⑤中１、Unit 8、「表現力」

本文から can を探す K1レベルから can の意味を理解させる K2へと深めていき、そうした理解をもとに can を用いた英文の作成を行う P1レベルの指導へと導き、最終的にグループ内で can、can't を用いた表現を発表する P2へと展開する、無理のない指導である。

⑥中１、Unit 9、「描写力」

本文から現在進行形を探す K1レベルを出発点とし、現在進行形の意味を理解する K2へと深め、その理解をもとに現在進行形を用いた英文を作成する P1へと進み、最終的には現在進行形と現在形を使い分けて表現する P2レベルの指導へと展開する。中学校１年生を対象として取りあげることは難しいかもしれないが、上級学年の生徒が対象であれば、日本語のテイル形と比較対照するなどし、ことばについての関心を高めていける可能性のある文法項目である。

⑦中１、Unit 10、「過去形の意味を理解する力」

本文から過去形を抜き出す K1からのスタートは他の指導例と同様であるが、この後は P1 と P2が緩やかに結びついたレベルの指導（動詞を変化させながらワークシートを用いて対話を行う活動）へと移行する。この方法は、過去の事象を表すには過去形を使うという意識をまず持たせようとすることに重点を置いたもので、続く K2レベルの指導では、より正確に過去形で表現するための指導が用意されている。スキルコードにもとづく指導の典型例とは異なるが、コミュニケーションの一側面であるライティングをより正確に行うための指導を重視した一つの工夫である。

⑧中２、Unit 3、「表現力（予定や意志、これからのことを伝える力）」

本文から will や be going to といった「これからのことを伝える表現」を抜き出し（K1）、その意味を理解させる K2へと進み、使用状況を考えて（P1）、内容理解（P2）へと展開する。そして最後に will と be going to の相違点を理解する（R1）方向へと導く、スキルコードにもとづく典型的な指導である。Will と be going to の表現の違いを定着させようとする明確な方向性を持った指導の流れが見られる。

⑨中２、Unit 4、「情報伝達力（There is / are〜を用い、新しい情報を伝達する力）」

情報を伝える表現を抜き出し（K1）、there 構文を用いて情報を尋ねたり、説明する指導（K2）へと深め、自分の周りのものの位置関係を説明し（P1）、正確な位置関係を表すよう指導して位置を表す表現を定着（R1）させようとする自然な流れである。

⑩中２、Unit 5 、「不定詞の意味を理解する力」

本文から動名詞・不定詞を抜き出し（K1）、その意味を理解する（K2）段階へと深化させる。両者を使い分け（P1）、それらを用いて自分自身について表現させる（P2）のであるが、その際に動名詞と不定詞の違いを意識させることで、両者の違いを感覚的にとらえさせようと試みる R1 への橋渡しとしている。

⑪中２、Unit 6 、「助動詞 must、mustn't の意味を理解し、それらを用いて情報収集および伝達をする力」

この指導はスキルコードを用いた指導という点からするとユニークな経路を経て授業が展開されている。教員による文法事項導入とタスク事前指導（K1）から始まり、学習目標である must、mustn't を用いたタスク１に取り組む K3 レベルへと一足飛びに進む。その後、タスク１の内容を定着させるための文法指導を行う K2 レベルの指導へと展開する。続いて、タスク１で得た知識と経験を類似の状況に転移させるためのタスク２に取り組み（P3）、終了後には must、mustn't の理解を確認し（P2）、２つのタスクを通じて理解した日本の標識の課題を見つけて改善案を提案する（R1・R2）という流れである。スキルコードにもとづく典型的な授業展開という点からすれば、指導レベルが飛んでいたり逆順になっているなど違和感を覚えるかもしれない展開ではあるが、指導者の思慮深い配慮と適切なフォローアップが抜かりなく行われることで、生徒達は問題なく学びを深めていくことができている。

⑫中２、Unit 7 、「描写力（様々なものを比較し、優劣や差異を描写する力）」

前時に扱った K1・K2 レベルの指導には触れず、本時は本文から比較級を探す P1 レベルの課題からスタートする。その後、形と意味を確認して英文を作成する課題に取り組み（P2）、最後に -er/-est か more/most かいずれのパターンになるかを考えさせ、「語の長さ」に気づかせるという流れ（R1）である。生徒の気づきに期待した指導を進めやすい単元と思われる。

⑬中２、Unit 8 、「比較の意味を理解して使用できる力」

⑫に続く比較表現の後半にあたる Unit で、本文や例示から比較表現を抜き出す課題からスタートする（K1）。その後、指導は more/most 型の比較表現の形や意味を理解する K2 へと深化し、形容詞を２グループに分ける課題を通じて「単語の長さ」によって -er/-est か more/most かが決まることに気づかせる（P1）。こうした理解をもとに、比較表現を使って状況描写や身近な話題についての各自の考えを表現させる（P2・R1）取り組みへと発展させる指導の流れである。ここでは P2 と R1 が緩やかに連続した指導が行われ、比較表現にある程度習熟した生徒達が違和感なくより高度な課題に取り組むことができるような配慮が見られる。

⑭中２、Unit 9 、「接続詞を理解して使用できる力」

文法項目として目立って取りあげられることはあまりないが、より正確なコミュニケーションを行う上で大切な接続詞の理解を指導目標としている。既習の接続詞と関連付けながら if を導入し（K1）、英文の日本語訳を通じて日英語の接続詞の差異を考える（K2）という、知識を深めていく流れである。ここでもまた、母語との比較検討を通じて、ことば自体への関心を高めようとする工夫が見られる。発展的な内容ではあるが、英語の読み書きの力が高

い中学校 3 年生を指導対象とすれば、等位接続詞や従属接続詞といった接続詞の違いや重文・複文の構造の違い、since や because を例に新旧情報構造の違いといった話を展開していくことで、より正確なリーディングやライティングに意識を向けさせることも考えられる。

⑮中 3 、Unit 1 、「情報発信力」

この指導も⑪と同様にスキルコードを用いた典型的な指導経路という点からはユニークな展開で進められている。教員による文法事項の導入とタスク事前指導（K1）から始まり、学習目標である受動態を用いたタスク 1 に取り組む K3 レベルの指導へと深めていく。その後、タスク 1 の内容を定着させるための文法指導を丁寧に行い（K2）、タスク 1 で得た知識と経験を類似の状況に転移させるためのタスク 2 に取り組む（P2）。タスク 2 終了後には、受動態の理解を確認していく（P2）という流れである。スキルコードにもとづく典型的な授業展開という点では、一見すると指導レベルが飛んでいたり逆順となっているために妙な印象を持つかも知れない。ところが実際には、教師による適切な配慮とフォローアップが抜かりなく行われることで、生徒達は問題なく理解を深めていくことができている。

⑯中 3 、Unit 2 、「現在完了形の意味を理解する力」

本文から現在完了形を抜き出し（K1）、その「継続」の意味を「完了」「結果」と対比して理解する（K2）指導へと深めている。そうした理解をもとに学習目標である現在完了形を用いた英文を作成し（P1）、自分が好きなことなど身近な内容を表現する（P2）という典型的な流れである。完了形の「完了」「経験」「継続」「結果」各用法の厳密な分類にとらわれ過ぎることなく完了形の意味を理解させようとする意図を持った適切な指導である。

⑰中 3 、Unit 3 、「情報を説明する力」

⑯に続き現在完了形を扱った Unit である。本文から現在完了形を抜き出し（K1）、既習の現在完了形「完了」「継続」「結果」の各用法と比較対照しながら経験用法を理解させる（K2）指導へと深めていく。その理解をもとに、学習目標である現在完了形の経験用法を用いた英文を作成し（P1）、さらに「完了」「経験」「継続」用法の英文を作成する（P2）という流れである。

⑱中 3 、Unit 4 、「情報を描写する力」

本文から分詞の後置修飾表現を抜き出し（K1）、現在分詞と過去分詞を対比しながらそれぞれの意味を理解させる（K2）。それをもとに分詞の後置修飾を用いた英文を作成し（P1）、絵に描かれている人物を説明する英文を書く（P2）という指導の流れである。日本語と英語の修飾構造の違いに触れることはもちろん、日本語の「落ち葉」を例に現在分詞と過去分詞の相違に気づかせようとするなど、母語を適切に利用した指導が行われている。

⑲中 3 、Unit 5 、「情報描写力（関係代名詞を用いて情報を追加する力）」

6 時間かけて指導を行う Unit の第 2 時で、本時は本文から情報を伝える表現を抜き出し（K1）、関係代名詞を用いて人や物に説明を加える方法を理解する（K2）という知識を深めていく内容である。教科書の構成にとらわれず、生徒の理解がスムーズにいくよう教科書の内容を組み換えて関係代名詞を整理して伝えようとする試みが見られる。

⑳**中3、Unit 6、「資料を読み解く力」**

　9時間かけて指導を行う Unit の終盤にあたる本時では、環境問題に対する資料や文の理解（K3）、語彙の再確認（P1）からスタートし、グループ活動の形態もとりながら自分の考えを英文で表現する（P2）。その英文をグループ内で発表し質問に受け答えする（P3）過程を経て、自分自身の考えを深め（R1）、自分自身の長所・短所を理解する（R2）。基礎力スキルのレベルで学んだ知識を踏まえて身につけた思考力・判断力・表現力を実践的に高め、自分自身の考えを深めていく応用・発展的な段階の指導である。

㉑**中3、Unit 7、「want ＋ 人、S ＋ V ＋ how などの疑問詞 ＋ to V、S ＋ V ＋ O ＋ how などの疑問詞 ＋ to V の形を用いて伝達する力」**

　want ＋ 人 ＋ to V の形を本文から探す課題からスタートし（K1）、既習の want ＋ to V との類似性に着目して指導を進めている。こうした理解を手がかりに、さらに ask ＋ 人 ＋ to V および tell ＋ 人 ＋ to V といった類似構文への指導（K2）へと深めていく流れである。ここでは want ＋ 人 ＋ to V、ask ＋ 人 ＋ to V そして tell ＋ 人 ＋ to V を用いた例文に共通する部分に注目させることで、英語には V ＋ 人 ＋ to V という抽象化された構造があること、V の位置に個別の動詞が入ることによってそれぞれの意味が具現化することに気づかせようとする見事な指導である。

Ⅲ 英語の指導で大切にしたいことを振り返る

　スキルコードに沿った指導は有用な学びの方法ではあるが、これに沿った授業を行ったからといって、それだけで英語の力がつくわけではない。リスニング・スピーキングといったコミュニケーションを円滑に進めていくためには、日本語とは異なる音体系を持つという点を十分に意識した英語の音声指導も欠かせない。なかでも調音器官の仕組みと働きについての指導は不可欠である。発音記号についても実際の音と対応させて指導できるとよいだろう。生徒が英語学習の初期段階であれば、音声と文字の対応関係に関わるフォニックスの指導も忘れてはならない。さらに、日本語とは異なる英語の強弱アクセントについて適切な指導を行うことで、リスニングやスピーキングといったコミュニケーションの側面がいっそう向上することも期待できる。

　新学習指導要領に新たな領域として区分けして創設された、「話すこと［やり取り］」は事前に準備して行うことのできる「話すこと［発表］」とは異なり、その場その場で不自然な間をおかずにやり取りを続けるという大変に高度な能力を必要とする。この力を身につけ伸ばしていく一つの方法として、口をついて英語が出てくるようになるまで英文を暗唱するという、昔から行われてきた指導を徹底することも有益であろう。

［吉田和史］

第2部

スキルコードで深める英語科の授業モデル

現在形の意味を理解する力

単元名▶ *COLUMBUS 21 English Course 1*（光村図書）
Unit 4　On the Way Home

1 実践の概要……………………………………………………………

(1) 資質・能力の概要

　be 動詞、一般動詞、現在形についてきちんと理解しているかどうかは、英語がわかるかどうかに大きく影響するため、大変重要である。「英語がわからない」と言う生徒は、そもそも「動詞」や「現在形」とは何なのか、「現在形」は「現在」を表している以上に、日本語にはない意味があるということに気づいていないことが多い。逆に、そのことについて理解していれば、自分が思ったり感じたり考えたりしたことを英語で表現したい時に必ず役に立つので、1年生のうちに身につけさせたい資質・能力である。

(2) 単元目標

・英語における動詞の現在形の意味を理解する。　　　　　　　　　　　　　（知識・技能）
・一般動詞の現在形を用いて、普段していることを表現する。　　　　　（思考・判断・表現）
・日本語と英語とで意味の違いがあることを理解して、場面や状況に合わせて自ら適切にコミュニケーションを図ろうとする。　　　　　　　　　　　（主体的に学習に取り組む態度）

(3) 学習ロードマップ

K1	P1	R1
K2	P2	R2
K3	P3	R3

K1：本文から動詞を抜き出す。
K2：動詞の現在形が意味することを理解する。
P1：場面や状況に合わせた一般動詞を選ぶ。
P2：現在形を用いて、普段していることを表現する。
R1：日本語と英語で意味の違いがある語を探す。

(4) 単元計画

第1時　　　発音練習をしながら、新出単語（動詞を含む）、重要語（句）の意味を理解し、本文（前半）の内容を理解する。

第2時　　　動詞の現在形について理解する。

第3、4時　一般動詞と現在形を用いて、普段していることを英語で表現する。

第5、6時　現在形の意味を意識しながら、本文（後半）の内容を理解する。

2 実践のポイント……………………………………………………

　現在形について理解することが、本単元の目標である。「現在形とは何か」と尋ねると、「『現在形』は『現在』を表す」、「『現在形』は『今のこと』を言っている」などと言ってしまう生徒が多い。確かにその意味もあるが、「現在形」にはそれ以上の意味があるということが極めて重要である。本単元では生徒に現在形の「本当の意味」を理解させ、概念化をさせて身につけさせたい。

　本単元の文章には現在形が随所に見られるが、まず、生徒にそれを探させ、どのような特徴があるのか考えさせて気づかせる。本文に出てくる現在形だけでは足りない場合は、例文をいくつか補充して、最終的には2つのグループに分類できるようにする。

3 本時の展開（第2時）……………………………………………

(1) 動詞の現在形を探す

　第1時で学んだ本文から一般動詞の現在形を抜き出す。

本文から一般動詞を探し出そう。	(K1)

I live in Honcho. ／ I have a guitar. ／ We go home together.

(2) 動詞を2つのグループに分類する

一般動詞を2つのグループに分けてみよう。	(K1)

　まず、生徒に上の動詞の意味を問うと、次のように答える。

　live　住む ／ have　持つ ／ go　行く

　動詞のみの意味を聞けば、辞書の記載そのままに「住む」、「持つ」と答えるのだが、文全体の意味を改めて考えさせると、「私は本町に住む。」、「私はギターを持つ。」が不自然だとすぐに気づき、「住んでいる」、「持っている」と修正される。

　では、go も同じかと問うと、「行っている」は不自然だと皆が声をそろえて言う。

　そこで、次のように板書をしてまとめる。

I live in Honcho.　　　住んでいる	We go home together.　　　行く
I have a guitar.　　　持っている	×行っている

　ただし、「家に行く」は不自然であることに気づかせ、「家に帰る」という訳に修正させる。

（3）動詞の現在形が何を表すのか考える

　ここで、「家に行く」、「家に帰る」とはどういう意味なのか、言い換えれば、現在形の意味とは何かということを次の例文から考えてみる。

　I eat ice cream. を正確に訳してみよう。　　　　　　　　　　　　　　　　　　　　　（K2）

　　アイスクリームを食べている。

　　アイスクリームをこれから食べる。

　　アイスクリームを食べる予定だ。

　　アイスクリームを食べるつもりだ。

　　アイスクリームを食べるかも（しれない）。

　　アイスクリームを食べた。

　生徒からは、英語で言う未来形や過去形、助動詞までを含む、実にさまざまな訳が出てくる。最も多い訳は「アイスクリームを食べている。」である。I eat ice cream. はふつうそのように訳出される。しかし、この訳では現在形の「本当の意味」がわからなくなる可能性がある。そこで、次の質問を生徒に投げかけて、「食べる」という訳の問題点を考えさせる。

　I eat ice cream. を「私はアイスクリームを食べる（ということを（　　）にしている）。」と訳す時、（　　）内に入る漢字2字は何か考えよう。　　　　　　　　　　（K2）

　この時点で、生徒は（　　）内に何が入るのかわからない。そこで、次のような例文を示す。

　次の例文を見て、動詞の現在形の意味を考えよう。　　　　　　　　　　　　　　　　（K2）

June 15th　I eat ice cream after dinner.

June 16th　I eat ice cream after dinner.

June 17th　I eat ice cream after dinner.

June 18th　I eat ice cream after dinner.

June 19th　I eat ice cream after dinner.

　すると、「毎日、アイスを食べているんですか。」という質問が生徒から出た。「毎日食べているとはどういうことでしょうか。」と問いかけて、その質問に続いて「毎日同じことをしているということを漢字2字で何と言いますか。」とさらに問いかける。すると「習慣」という言葉が出た。別のクラスでは「日常」という言葉をきっかけに「日課」、「習慣」へと繋がっていった。通常はI eat ice cream. の訳を「私はアイス（クリーム）を食べる。」で終えるので、生徒の多くは現在形をふわっとした感じで捉えてしまう。「…を食べる（ということを習慣にしている）。」のように、（　　）内の言葉が省略されていると教えると、生徒は現在形をよく理解して、納得した顔をする。

(4) 英語と日本語の違いに気づく

　最後に、なぜ「食べる」という訳から「習慣」という概念に結び付かないのかを考える。

> なぜ、「食べる」という言葉から「習慣」という意味が出てこないのでしょうか。(K2)

　ある生徒が「そもそも、日本語の『食べる』には『習慣』という意味が入っていないのでは。」という重要な点に気づいた。すると、別の生徒が「入っていないから、『毎日』のような言葉を足さないといけない。」と続けて、理解が深まっていく。そこで、以下の2つの英文を提示して、英語は every day を言わずとも eat のみで「毎日食べる」ことが伝えられるという重要な点を生徒に気づかせる。

> アイスを食べる　　　← 「習慣」を表してはいない
> アイスを毎日食べる。　← 「習慣」を表すには、「毎日」を補う必要あり
> I eat ice cream every day.　　　アイスクリームを毎日食べる。
> I eat ice cream.　　　アイスクリームを毎日食べる。
> → every day がなくても「毎日食べる」が表せる。

　このようにして、eat は日本語の「食べる」とイコールで結べないということを確認する。この日英両言語の違いを生徒に理解させることが重要である。

4 授業改善の視点……………………………………………

　本単元では一般動詞が本文に初めて登場し、一般動詞とはどういうものか、現在形とはどういうことかなど、非常に重要なことを学んだ。高校で現在形が「状態」や「習慣」を表すことを学習するが、まずは、本時で現在形は「習慣」を表すということに気づかせて、現在形に対する理解を深めることに重点を置いた。この理解を基に、生徒に普段していることを英語で表現させようとしたが、1年生の1学期後半ということもあり、指定した場面のみの学習にとどまり十分には行えなかった。

　現在形の意味を理解して、一般動詞を適切に使えれば、日常の様々な事柄を表現できるようになるため、生徒には話したり書いたりしながら現在形を使って自分自身を英語で表現させたい。その際、be 動詞と一般動詞との違いを理解せずに、be 動詞をすぐに使ってしまう生徒が出てくるため、その違いに関しては第3時の展開で学ぶことになる。Unit 9 では現在進行形が出てくるので、その学習の際に改めて比較をしながら現在形の理解を確かなものとしたい。

［近藤　崇］

命令文の意味を理解して使用できる力

単元名▶ *COLUMBUS 21 English Course 1*(光村図書)
Unit 5　A Summer Festival

1 実践の概要

(1) 資質・能力の概要

　命令文についてきちんと理解しているかどうかは、英語がわかるかどうかに影響するため、重要である。命令文を作ること自体はそれほど難しくはないが、たとえば「走れ。」や「勉強しなさい。」を英語では何と言えばよいのかと尋ねれば、その英語が出てこない生徒は多い。その英語を書かせると、さらに問題点が出てくる。言い換えれば、命令文を書かせれば、命令文をどの程度理解しているのかを把握することができる。このことに加えて、「命令文」という日本語の「命令」に影響されて、命令文の意味の理解を妨げる場合がある。つまり、日本語の命令文と英語の命令文とでは必ずしも意味が一致しないということである。生徒にはこういったことも含めて意味をきちんと理解させたい。その上で、命令文を使用できる力を育てたい。

(2) 単元目標

・英語における命令文の意味を理解する。　　　　　　　　　　　　　　　（知識・技能）

・普段の生活で使える命令文を探し出して発表する。　　　　　　　　（思考・判断・表現）

・日本語と英語とで意味の違いがあることを理解して、場面や状況に合わせて自ら適切にコミュニケーションを図ろうとする。　　　　　　　　　　（主体的に学習に取り組む態度）

(3) 学習ロードマップ

K1	P1	R1
K2	P2	R2
K3	P3	R3

K1：本文から命令文を抜き出す。

K2：命令文が意味することを理解する。

P1：場面や状況に合わせた命令文を探す。

P2：普段の生活で使える命令文を発表する。

R1：他者が使用している命令文を探す。

(4) 単元計画

第1時　　　命令文について理解する。日常生活で使える命令文を探し出して発表する。

第2～4時　発音練習をしながら、新出単語（動詞を含む）、重要語（句）の意味を理解し、本文（Part 1～3）の内容を理解する。その際、**命令文の意味を意識させる**。

第5、6時　who, how many について理解して使用する。

2 実践のポイント……………………………………………………

　命令文について理解することが、本単元の目標である。「命令文とは何か」と尋ねると、生徒は「〜しなさい」、「〜しろ」、「〜せよ」などという表現を思い浮かべる。ここでの問題は、命令文はそのような表現しかないと生徒が勘違いをしてしまうことである。確かにその意味もあるが、英語の「命令文」にはそれ以外の意味がある。生徒が命令文だと思っていない文が実は命令文であり、日常的にもよく使われるということに気づいていないことが多い。これは日本語の「命令」という言葉に影響されたことに起因すると考えられるが、まずは命令文における日本語と英語の違いに気づかせてから、命令文の「本当の意味」を理解させたい。その上で、場面や状況に応じて、命令文を適切に使用できる力を習得させたい。

3 本時の展開(第1時)……………………………………………

(1) 動詞を探す

　本文中の動詞を□で囲む。

> 本文から動詞を探し出そう。　　　　　　　　　　　　　　　　　　　　　　(K1)

　生徒は動詞を見つけたら□で囲み出す。生徒の多くが is の短縮形が動詞であることに気づいていない。「動詞はまだあるよ。それはどれか考えてみよう。」と問いかける。is の短縮形については下のように囲むのは難しいので、-s しか囲んでいない場合はそれだけでは不十分であることを伝えて考えさせたり、動詞の場所さえわかれば、囲み方はこちらで提示したりと、学力に応じて、答えを確認していく。

Aya :	Hi, Min-ho.　Hi, Taku.
Min-ho :	Aya, your yukata $\boxed{\text{is}}$ so pretty!
Aya :	Thanks.　How about Tina?
Taku :	Wow!　She$\boxed{\text{'s}}$ beautiful.
Tina :	Thanks, Taku.　It$\boxed{\text{'s}}$ Aya's yukata.
Min-ho :	Great.　Let's $\boxed{\text{take}}$ a picture.
Taku :	Ready?　Don't $\boxed{\text{move}}$.　$\boxed{\text{Say}}$ cheese.

(2) 探し出した動詞を含む文を2つのグループに分類する

> 探し出した動詞を含む文を2つのグループに分けてみよう。　　　　　　　(K2)

　まず、生徒にはグループ分けをさせるが、なかなかうまくいかないので、「動詞の左に注目しよう」と指示する。ある生徒が Say cheese. 以外は動詞の左側に単語があることに気づく。そこで、「動詞の左側をもっとよく見てみよう」と指示して生徒に考えさせる。すると、勘のいい生徒はそれが「主語」であることに気づく。それを今度は2つのグループに分けるように言うと、別の生徒が「人と物」と答える。人と物とで分けた場合、グループが3つに

なってしまうことを伝えて、「２つに分けてみよう」と再び問いかける。様々な意見が出る中で、「動詞の左側は主語」という意見から「動詞の左にある単語を日本語にした時に『〜は』と訳せない。そのように訳すと不自然な日本語になる。」という意見が出る。それぞれの文を日本語にして、実際に不自然かどうかを確認していく。

Aya, your yukata is so pretty!	Aya, your yukata is so pretty!
She's beautiful.	She's beautiful.
It's Aya's yukata.	It's Aya's yukata.
Let's take a picture.	Let's take a picture.　（写真を撮ろう。）
Don't move.	Don't move.　（動かないで。）
Say cheese.	Say cheese.　（チーズと言って。）

右下の３つの文を「命令文」と呼ぶと生徒に伝えた上で、次の質問をする。

> 「"命令"文」と聞いて、上の表のように訳しますか。　　　　　　　　　　(K2)

生徒は「訳さない」と声をそろえて言う。「それでは、"命令"文だとわかるように訳してみよう」と尋ねると「動くな」、「言え」と生徒数名が発言する。それが不自然に響くかどうか聞くと、「不自然です」とすぐに答える生徒もいれば、「そう言う時もある」と答える生徒もいる。どちらも正解であることを伝えて、日常生活においてどちらの表現をより多く使うのか尋ねてみる。

> Don't move. 動くな。　　　　動かないで。
> Say cheese. チーズと言え。 チーズと言って。

生徒の多くは「動くな」、「言え」よりも「動かないで」、「言って」のほうがよく使うと答える。ここで初めて生徒は英語の命令文は日本語の命令文とは異なるということに気づく。そこで、Say cheese. を例に、どのような訳が考えられるのかと問う。

> Say cheese. はどのように訳してよいのか考えよう。　　　　　　　　　(K2)

まずは、いかにも命令文だとわかる訳を聞く。生徒は「言え」とすぐに答える。「『言え』を丁寧に言ってみよう」と聞くと、間が少しあってから、「言いなさい」という答えが出る。黒板を指しながら、「言って」という訳を基に、別の訳を考えさせる。ある生徒の「言ってね」に対して「言って」とほぼ同じだがこれもよしと言って、次の訳を聞く。これもまた様々な訳が出てくる。ここで、手を出しながら「『言って』と言った時『誰が言いますか』」と聞いてみる。生徒は指を指しながら「言った『相手』です。」と答える。「相手が『言う』ためには、何て言ったらいいですか」と問う。（答えが出てこない場合は「言って…」と促す。）すると、ある生徒が「言ってください」と答える。これ以上訳が出てこないのであれば、Sing. という例文を提示してもよい。Sing. の場合は「呼びかける時に、何て言いますか。」と尋ねると、「歌おう」と答える生徒が出てくる。「正解」と言いつつ、「それを丁寧に

言うと…」とさらに聞く。答えがすぐに出ないこともあるが、「歌いましょう」と生徒が最終的に発言する。この一連のやり取りをしながら、次のように板書をしてまとめる。

> Say cheese. 下線部の訳は？
> ①言え　　②言いなさい
> ③言って（ね）　　④言ってください（ね）　　⑤言おう　　⑥言いましょう

さらに、以下のように整理する。

> 命令文の意味
> ①〜しろ　　②〜しなさい
> ③〜して（ね）　　④〜してください（ね）　　⑤〜しよう　　⑥〜しましょう

（3）場面や状況に合わせた命令文を日常生活の中から探し出して使ってみる

日常生活において、命令文はよく使われる。そこで次の質問をする。

> 普段の生活の中から命令文を探して、実際に使ってみよう。　　　　　　　　　（P1）

このように言われて戸惑う生徒も少なくないため、まずは「号令の時に座っている生徒がいたら何て言いますか」と聞く。「立って」と即答するので、間髪を入れず「それを英語では」と問うと、生徒は Stand up. と答える。「ほら、これは何文ですか。」と聞けば、生徒は納得をした顔をする。「逆に、号令の後にいつまでも立っている生徒に対して…」と続ければ、Sit down.「うるさい生徒がいれば…」Be quiet. のような表現はすぐに出る。

行き詰まったら、次の質問も有効である。「英語の授業で命令文はよく出てこないかな。」それでも出てこなければ、私の普段の言動を再現していく。おのずと次の表現が出てくる。

Repeat after me.　　Speak louder.　　　　　Listen（to me）.

Listen carefully.　　Fill in the blank(s).　　Open your textbooks to page 30.

4 授業改善の視点……………………………………………………

本単元では命令文の意味を学び、日本語と英語とで意味が異なることを理解した。これを踏まえて、英語の命令文を実際に使ってみた。上記の文であれば、必要に応じてヒントを与えられながらも命令文を使うことはできたが、目的語をとる動詞や give, send, lend のような二重目的語をとる動詞を使用する際に、躓いたり間違えたりうまくいかなかったりと、新たな問題も生まれた。この問題こそが重要な気づきであり、日英両言語の重大な差異として学ばせたい。ただし、二重目的語は 2 学期の終わりから 3 学期にかけて学習するため、それをいつどこで扱うかはよく検討する必要がある。

〔近藤　崇〕

情報を収集する力
（疑問文を用いて）

単元名▶ *COLUMBUS 21 English Course 1*（光村図書）
Unit 6　Breakfast Time

1 実践の概要 ･･

(1) 資質・能力の概要

　実世界で情報を入手する際、書籍や資料で情報を入手する場合を除いて、他者とのコミュニケーションを余儀なくされる。非言語活動で入手できる情報は、推測の域を出ない。自身が必要な情報を確実に入手するには、疑問詞を正しく用いた疑問文を作成し、その意味と使い方を理解しなければならない。生活や人間関係の構築にも質問することによって自身が生活や相手を知る上で必要な情報を得ることを私たちは母語では絶えず行っている。それを英語で行わせていくには、数字を覚えたり、場所に関する言葉を覚えたりと中学1年生にはハードルがやや高くなってきている単元である。相手に興味を持つ、自分に興味を持ってもらうことは学校生活だけでなく、人間社会で生きていくために最も重要な活動である。ここでは、教科書に出てくる疑問文でなく、自分が相手を知るためにどのような質問をしたいかを「判断させ」、疑問文は相手を知るために存在するということを「気づかせる」ことによって深い学びへと導きたい。

(2) 単元目標

・時刻を尋ねたり、答えたりできる。　　　　　　　　　　　　　　　　　（知識・技能）

・好み、場所、ものを尋ねたり、答えたりできる。　　　　　　　　　　　（知識・技能）

・状況に合わせ、疑問文を作り尋ねたり、答えたりできる。　　　　　（思考・判断・表現）

・時刻、場所、好みなどを積極的に聞き取り、答えたりできる。　　　　（思考・判断・表現）

・学んだことを、他の場面や状況でも使おうとする。　　（主体的に学習に取り組む態度）

(3) 学習ロードマップ

K1	P1	R1
K2	P2	R2
K3	P3	R3

K1：時刻と天候を聞く際の疑問詞を理解する。

K2：be動詞と一般動詞の文の違いを理解して疑問詞を用いた疑問文を作成する。

K3：どういう状況で疑問詞を使った疑問文が必要かを考えて使用する。

P1：友人に時刻を尋ねたり疑問詞を使った質問をする。

P2：自分で作った疑問詞を使った質問をする。

R1：質問に答えることで、自身の考えを整理する。

(4) 単元計画

第1時	トピックに興味を持ち、新出単語（動詞を含む）、本文の概要をつかむ。
第2時	時刻の尋ね方と答え方の意味と形を理解することができる。
第3時	数字の発音と時刻に特有な表現を理解する。
	母親が朝寝坊の Nick を起こす場面を理解する。
第4時	相手の「選択」を尋ねる言い方の意味と形を理解する。
	朝食の場面を理解し、please という言葉の大切さに気づくことができる。
第5時	場所を尋ねる言い方と答え方の意味と形を理解する。
	Tina を心配する家族の様子を理解する。
第6時	時刻や場所についての情報を聞き取り、自身からも表現できる。

2 実践のポイント……………………………………………

　時刻の尋ね方と答え方は、最初の段階では What time is it?　It is ☐ . のパターンさえ理解すれば、比較的簡単に習得することができる。ただし、数字を書くことに慣れていないので、答えの文を書くのにはかなりの練習を必要とする。しかし、表現的には簡単でも実はかなりたくさんの日本語との違いがこの表現には含まれている。非人称の it を用いるのでこの it は今まで習っていた「それ」とは言わないこと、o'clock は　of the clock の省略で「ちょうど何時」の意味になること、そして日本語と同じように5分前、5分過ぎのような表現、15分は quarter、30分は half を使うということなどを、生徒のレベルや気づきの程度をコントロールしながら指導をすることができる。本校は、英国人の専任教員が数多くいるため、中学1年の段階でこの表現をこだわりなしに使うことになる。実世界では、圧倒的に多いこの言い方を導入するかしないかは、教員の選択によるところとなる。気づきを促すために、時間の聞き取りは、時計を書いた紙に長針と短針を書き込むワークシートを使用するなどの工夫もよい。

3 本時の展開(第2時)……………………………………

(1) 数字の1から100までの言い方を教え、発音を教える

板書例

生徒は13と30を聞き取れない場合もある。ここでもたくさん発音することで生徒の気づきを待つ。

(2) おもちゃの時計で時刻の尋ね方の練習をする

What time is it?　　　　　It is ☐ .　　　　　　　　　　　　　　　(K1)

時刻を尋ねるときは What time（何時）を用い、答えるときの主語は It を使う。
What time is it（now）?　　　今、何時ですか。
It is two forty-five.　　　　2時45分です。
It is two o'clock.　　　　　2時です。

(3) 時刻の書き取りを行う

o'clock はちょうどの時間に使う表現であることに気づかせる。　　　　　（K1）

What time is it?
① It is 3：45.　② It is 7：30.　③ It is 8 o'clock.　④ It is 2：14.　⑤ It is 1 o'clock.
⑥ It's 5：28.　⑦ It's 12 o'clock.　⑧ It's 6：59.　⑨ It's 9：13.　⑩ It's 4：18.
答え合わせを行う。
T：o'clock はどういう時に使うと思うか。（グループワーク）
G1：長針が12のところにあるときだけ使えると思う。
G2：ちょうどの時間の時だけ使うと思う。

(4) 午前、午後、夜の時間の区別をする

海外から電話がかかってきて、今は朝の9：00と言いたい時はどうするか。　　（K1）

T：What time is it now in Japan?
G：It is 9 o'clock in the morning.　It is 9 AM.
①自分の考えをペアやグループで話し合う。
　（この時点では日本語を許可する）
②じゃんけんで発表者を決める。
③教師が発問して、代表者が答える。
④確認する　in the morning（午前）in the afternoon（午後）in the evening（夕方）
生徒から AM、PM という答えもあがるので、それも板書して確認を行う。

(5) 学習したことが理解できているかどうかワークシートで確認を行う

【問題1】次の文を日本語の意味になるように（　　）に適する英語を書きなさい。

　　　　　　　　　　　　　　　　　　　　　　　　　　　　　　　（K1）

1．今 何時ですか。
（　　　　　） time is （　　　　） now ?

2．午後 2時です。
（　　　　　） two （　　　　　） the afternoon.

3．ロンドンは 今 何時ですか。
What （　　　　　） is it （　　　　） London （　　　　　） ?

4．9時30分です。
（　　　　　） nine （　　　　　）.

【問題2】 次の時刻を英語で書きなさい。

12時15分　　　　　　　8 時10分　　　　　　4 時25分

(6) 自己評価

振り返りをリフレクションペーパーに書く

　時刻の聞き方は、ほとんどの生徒は自信があると答えた。それは疑問文のバリエーションがなく、数字の言い方のみの問題だからだと思う。他の疑問文については、今の段階では疑問詞を使うこと自体が難しいと述べる生徒が多かった。

4 授業改善の視点……………………………………………

　o'clock はどういう時かについては、中学 1 年ということもあってグループワークにして考えさせるとほとんどの班が正しい答えを導き出すことができていた。その後に、どういう意味かを説明した時には驚きはなく、単にひとつの単語の意味がわかったというレベルに過ぎなかった。それよりも、数字の聞き取りを全部正解する方が楽しいらしく、10問の聞き取りの正解者を立たせると、その正解には達成感があったようで、またやりたいという生徒もいた。非人称の it については、本時は導入間もないこともあって、日本語にしないという程度にとどめた。情報過多になり、消化不良になるからである。中学 1 年なので、まずはよく使う表現を正しく理解して使えるようにすることを目標にしたが、数字を純粋に言うだけにとどめると達成度は高くなる。5 分前、5 分過ぎは before、past の理解度が薄く、理解の早い生徒は55分とは言わずに 5 minutes before（past）three などと自由練習で使っていたが、全く理解していない生徒もいた。また、What time is it? は時刻を聞くにはあまりにも唐突で、一般的には Do you have the time? ということが多いが、それはまた次の段階である。

［山本恭子］

現在形の意味を理解して使用できる力

単元名 ▶ *COLUMBUS 21 English Course 1*（光村図書）
Unit 7　Cheer up, Tina

---

1 実践の概要 ……………………………………………………………

(1) 資質・能力の概要

　新しい言葉を学ぶときは苦労が必ず付いてくる。英語の場合もそうである。「主語」、「動詞」の語順は日本語と異なり、さらに動詞には be 動詞、一般動詞と 2 種類あり be 動詞には原形を含めて現在形だけで 4 種類あってかなり覚えるのに苦労する。さらに一般動詞にも特別な変化をさせなければならない時がある。例を出して少し説明していく。

　日本語では「私はよく図書館に行く」、「彼は図書館に行く」というように、主語の人称が変わっても動詞は変わらない。ところが英語の場合は違い、英語は人称、単数・複数と時制（この単元では現在形）によって動詞の形が変化する。-s がつくのである。全ての動詞に同じように -s をつければいいわけではない。-s のつけ方には規則がある。

　さらに、発音まで違う。実際に英語を母語として使っている子供でも簡単に身につけるわけではない。英国の小児病棟を訪れたことがあるが、子供たちが描いた絵に書かれた英語の中には 3 人称単数現在の -s がなかったものもあった。

　そのような英語を母語とする者にも習得が難しい、日本語にはない用法である。しかし、最終的には英語を母語とする者は習得して実際に使っているので、しっかりと実につけさせたい資質・能力である。

(2) 単元目標

・3 人称や単数とは何か・現在形の使い方を理解する。　　　　　　　　　　　（知識・技能）

・一般動詞の現在形を用いて、普段していることを表現する。　　　　（思考・判断・表現）

・一般動詞の現在形を用いて、普段他の人がしていることを表現する。（思考・判断・表現）

・日本語と英語の違いを踏まえて、場面や状況に合わせて自ら適切にコミュニケーションを
　図ろうとする。　　　　　　　　　　　　　　　　　　　（主体的に学習に取り組む態度）

(3) 学習ロードマップ

K1	P1	R1
K2	P2	R2
K3	P3	R3

K1：本文から動詞を抜き出す。
K2：動詞の現在形が意味することを理解する。
P1：場面や状況に合わせた一般動詞を選ぶ。
P2：現在形を用いて、誰かが普段していることを表現する。
R1：日本語と英語で意味のズレがある語を探す。

(4) 単元計画

第1時　　発音練習をしながら、新出単語（動詞を含む）、重要語（句）の意味を理解し、本文（前半）の内容を理解する。

第2時　　動詞の現在形について理解する。

第3、4時　前時で学んだ現在形の意味を意識しながら、本文（後半）の内容を理解する。

第5、6時　一般動詞の現在形を用いて、誰かが普段していることを英語で表現する。

2 実践のポイント………………………………………

　3人称単数現在形について理解することが本単元の目標である。現在形については Unit 4 で既出である。「現在形とは何か」を理解させるために、学校教育の伝統に従ってさまざまな例文（既出の語句を既出の意味で表したもの）を出し、言葉がどう使われるべきかというルールを知って、そのルールに基づき英語を学ばせたい。

　本単元の文は全て3人称現在形で書かれているので、同じ Unit 内で動詞の違いを発見することができない。そのため、Unit 4 で既出の1人称、2人称の本文を、復習をかねて提示し、人称の理解を確認するとともに3人称単数現在との形の違いと綴りと発音の規則を身につけさせたい。

3 本時の展開（第2時）

(1) 動詞の現在形を探す

　Unit 4 で学んだ本文から一般動詞の現在形を抜き出す。

> Unit 4、Unit 7 の本文から動詞を探し出そう。　　　　　　　　　　　　　　　　(K1)

　I live in Honcho.　　I have a guitar.　　We go home together.
　Unit 7 で学んだ本文から一般動詞の現在形を抜き出す。
　主語と動詞に注目させ、Unit 4 と Unit 7 の動詞の違いを見つけさせる。
　なぜ違っているのか考えさせる。

(2) 動詞の現在形が何を表すのか考えてみる

　　① I often go to the library.

②Ｉ go to the library every day.

③The train for Tokyo leaves at 8：00.

①図書館によく行く。

②図書館に毎日行く。

③東京行の電車は8時に出発する。

　①と②は同じ「行く」なのに表す意味は異なる。②は「いつものこと」なので「習慣」と予想がつく。また、いつのことか生徒に訊くと最終的には過去のことも未来のことも表すと答える。このことから、各単元の目標を明確に持ち、導けば生徒も正しく理解できるということである。

　例文の説明で一応理解できても、実際に使えるようにするにはさらに多くの例を出して、そこから規則的なものを発見させる、発見学習で学ばせることができるのではないか。そうすれば、自分で考え規則をみつけるため、忘れることが少なくなる。

(3) 英語と日本語の違いに気づく

　Unit 4で「普段することについて言う」「普段することについて尋ねる」「普段しないことについて言う」という3つのことについて学んだ。普段することとは「習慣」を表す、という内容を引き出せれば、このUnitの第一段階は達成したといえる。あとは、3人称単数現在との違いがわかればこのUnitの目標を達成できたことになる。

　(3) の例文に戻って説明を続けると、「行く」という動詞の一つの例から「習慣」や「いつものこと」という考え方には結びつかない。それは、①、②の例からもわかる。英語と日本語と対比する場合、教員の十分な国語力も必要になる場合が多くなる。実際には、動詞の意味を決めるのは、英語、日本語ともに「副詞」の存在で、どの用法になるか表すかが決まるのである。また、先の単元のことになるが、現在完了の場合は、日本語には英語のように"have+ 過去分詞"という決まった形はないが、Ｉ have known him for five years. は「彼を5年間知っている（5年前から知っている）」と英語は過去分詞なのに日本語は現在形と同じ形であるように、英語と日本語の違いを意識させたい。実際にアメリカ陸軍の外国語学校では日本語はレベル5、最難関の外国語となっている。逆に言えば、英語は日本人にとって難しいものでしっかりと学ばなければならないという意識も持たせたい。（しかし、それが英語嫌いのきっかけにならないように気を付けなければならない。日本語（母語）を意識せずに自由に使えるのは、普段から使っているからで、使うことが言葉の上達への近道の一つであることも気づかせたい。

4 授業改善の視点……………………………………………………

　本単元では一般動詞の3人称単数現在が本文に初めて登場し、Unit 4で出てきた一般動詞の1人称、2人称との違い、現在形とはどういうことを表すかなど改めて非常に重要なことを学んだ。本時では、現在形は現在という名前と異なり「いつものこと」を表すと気づかせたため、現在形の概念が少しでも身についたものと思われる。

ただし、逆説的なことを言うようだが、Unit 7 の段階で例文から現在形の表す意味を実感するには難しい場合があるかもしれない。その場合には、Unit 9 で出てくる現在進行形で対比させたほうが現在形を理解しやすくなると考えられる。Unit 9 では、「〜（て）いる」という日本語が現在進行形を表すと覚える生徒もいるが、それでは「知っている」と教わる know は進行形になってしまう。実際、外国語として学ぶ人たちに躓きやすい点を重点的に学ばせる、ケンブリッジ大学出版局から出版されている Murphy の *Essential Grammar in Use* では、現在進行形が Unit 4 、3 人称単数現在を含む現在形はその後の Unit 5 に出ている。イラスト付で英文が書かれており非常にわかりやすい。場合によっては、全体を通してストーリーに支障がなければ、Unit の順番を変えて学習することを検討してもよいかもしれない。特に、時制（動詞の時を表す表現）は、訳語ではなく、しっかりと概念をとらえさせることに重点を置き学習させたい。

　　　　　　　　　　　　　　　　　　　　　　　　　　　　　　　　　　　　　［加藤勝則］

育てる 資質・能力

助動詞 can を用いて表現できる力

実施学年 **1年**

単元名 ▶ *COLUMBUS 21 English Course 1*（光村図書）
Unit 8　Band Practice

1 実践の概要……………………………………………………………

(1) 資質・能力の概要

　ここまでの Unit を通し、生徒は be 動詞、一般動詞を用いて動作や状態について表現する方法を学んできた。この課では初めて助動詞が登場する。助動詞の can を用いることで、生徒は自分や他者の能力について表現する。助動詞によって、現実や事実そのものではなく「〜できる、ありえる、しなくてはならない」など頭の中で考えたことを表すことができる。英語による表現の幅が広がるのである。助動詞自体は一つ一つの意味が理解できれば、英文作成上の難易度は高くないと考える。英語に苦手意識を持つ生徒にとっても敷居の低い単元であると考える。今後 will、must など様々な助動詞を学ぶ入り口として、正確な英文を作る知識とともに、助動詞の持つ働きについても意識させたい。

(2) 単元目標

・英語における助動詞 can の意味を理解する。　　　　　　　　　　　　　（知識・技能）

・助動詞 can を用いて、できることとできないことを表現する。　　（思考・判断・表現）

・できることについて、相手に尋ね、答えることにより適切にコミュニケーションを図ろうとする。　　　　　　　　　　　　　　　　　　　（主体的に学習に取り組む態度）

(3) 学習ロードマップ

K1	P1	R1
K2	P2	R2
K3	P3	R3

K1：本文中から can を用いた部分を抜き出す。
K2：can が意味することを理解する。
P1：can を用いた英文の作り方を理解する。
P2：can, can't を用いて、できること、できないことを表現する。
R1：can を用いて質問、応答をする。

(4) 単元計画

第1時　　　トピックに興味を持ち、本文全体を聞いて概要をつかむ。

第2、3時　can を用いた肯定文と否定文の意味と形を理解し、英文を作ることができる。発音練習をしながら新出単語、重要語の意味を理解し、本文（前半）の内容を理解する。

第4、5時　can を用いた疑問文の意味と形を理解し、質問・応答することができる。

第6、7時　when を用いた疑問文の意味と形を理解し、質問・応答することができる。
　　　　　本文（後半）の内容を理解する。

2 実践のポイント……………………………………………

　助動詞 can について理解し、できること、できないことを表現することが本単元の目標である。まず、現在形の文と can の文との意味の違いに気づかせる。can に「～できる」の意味が含まれることが分かる。次に、英文の形式上の違いに注目させる。Unit 7 で 3 人称単数現在形の -s について学んだが、can を用いる場合は主語が何であれ動詞は原形でよい。また、否定文にする際には既習の be 動詞のように can の後ろに not を付けるだけでよい。これまで学んだ文法知識との相違点、類似点を意識させることによって、英語の文法がそれぞれ全く独立したものではないことも実感させる。

　can には可能性・推量などの意味もあるが、混乱を避けるため I can talk with you after school. のように「状況から可能なことも表せる」と、能力・可能の意味に留めておく。

3 本時の展開(第 2 時)………………………………………

(1) can を用いた英文を探す

本文中から can が用いられている部分を抜き出す。

本文から can が使われている部分を抜き出そう。　　　　　　　　　　　　　(K1)

　We can use it every week.

　We can't start.

　Can you sing this part with Taku?

　Sorry, but I can't.

　You can do it!

　You can practice with us.

(2) can の持つ 2 つの意味に気づく

　まず、can の意味について生徒に問う。「～できる」と答える生徒が多い。can には「能力」と「能力に関わらず状況から可能である」という意味がある。どの文がどちらにあたるか考えさせ、問う。1 文目、2 文目、6 文目は「可能」で、それ以外が「能力」の意味にあたることを理解させることで、「できる」という一種類の日本語に訳すだけのレベルから一歩進ませる。

(3) 現在形の英文との違いを理解する

> canのある文と現在形の文の違いは何だろう。　　　　　　　　　　　　　　（K2）

先ほど抜き出し板書した英文の横に、can を使わない現在形の英文を書く。

We use it every week.

We don't start.

Do you sing this part with Taku?

Sorry, but I don't.

You do it!

You practice with us.

　生徒はまず、意味の違い「〜できる・できない」「〜する・しない」に気づく。次に、形式上の違いを問う。肯定文では can が抜けただけである。動詞の前に can が置かれていたことも確認する。疑問文・否定文については、現在形の文では「do がある」が、can の文にはない。can を文頭に置く、can の後ろに not を置くだけで疑問文・否定文ができあがり、新たな単語を使う必要はない。この形式に既習分野で似たものがあったが、それが何であったかを考えさせる。be 動詞を用いた英文と形式が似ていることに気づかせる。

(4) 主語が3人称単数のときを考える

　ここで、教科書の本文には出てこないが、主語が3人称単数のときに can を用いると英文はどうなるか予想させる。

> 「彼はそれを使えます」という英文はどう書くか考えよう。　　　　　　　　（P1）

　初めに「彼はそれを使います」を英文にさせる。　　He uses it.

　動詞には -s が付くことを思い出させる。

　次に can を用いた英文にするとどうなるか考えさせる。He can uses it. と考える生徒もいるだろうが、実際は　He can use it.

　動詞に -s はつかず原形になる。疑問文・否定文の際も同様であることを確認する。

(5) can, can't を用いて英文を作る

> できること、できないことについて英文を作ろう。　　　　　　　　　　　（P2）

　ワークシートを配付し、オリジナルのスーパーヒーローを創作させる。生徒たちは自分自身について can や can't で表現することに恥ずかしさを感じるのか I を主語にすると手が止まることが多い。そこで、架空の登場人物について表現させる。

　初めに、例としてイラストと例文を書き出す。

　I'm Super Girl.

I can fly, I can eat iron, but I can't sing very well.

ワークシートに沿って英文を書かせる。

(6) グループ内で発表させる

4人グループの中でイラストを見せながら英語で発表しよう。　　　　　　(P2)

4人一組のグループ内で作った英文を発表させる。その後、一番インパクトがあったものをグループ内で決定する。創作者以外の生徒で発表者を決め、教室の前で発表させる。その際、I am〜だった出だしを This is〜. に、その後は、主語を She, He に変えるよう指示する。主語が I でも She, He でも can 以降の部分に変化はないことを実感させる。

4 授業改善の視点……………………………………………………

　本単元では助動詞 can が本文に初めて登場し、can の持つ意味、英文中での使い方を学んだ。高校で助動詞を学ぶ際には、それぞれの持つ意味が一つではないことに混乱する生徒が多い。そのため、中1の初出時に can の意味は「できる」だ、と一義的に指導するのではなく、意味にも幅があることに触れた。肯定文、否定文が中心であったが、やはり疑問文を用いてやり取りするほうが授業に活気が生まれると感じる。生徒たちの習熟度に応じて、未習ではあるが Can he / she 〜? などの質疑応答を入れることによって、よりインタラクティブな授業にしていくことが可能である。

　Can を用いて英文を作ることができれば、他の助動詞を学んだ際にも文法ルールはそのまま使える。生徒たちは「can のところは分かる」と毎年自信をのぞかせ、実際テスト等での得点率も高い単元である。今後も同じルールを使えることを生徒たちに紹介し、「can だけ」で終わらない、次につながる指導を心がけたい。

［大貫洋子］

現在進行形を用いて描写できる力

単元名 ▶ *COLUMBUS 21 English Course 1*（光村図書）
Unit 9　Tina's School Life

1 実践の概要 ………………………………………………………………………

(1) 資質・能力の概要

　現在進行形は、現在形に次いで学ぶ時制の表現である。「今〜しているところだ」と動作が進行中であることを英語で表すことができるようになると、自分のことだけでなく、周囲で起きていることの実況中継をしたり、イラストや写真などについても的確に描写したりすることが可能になる。実用英語技能検定3級、準2級の2次試験では毎回この現在進行形を用いて答える問題が出題されていることからも、その重要性が見てとれる。

　ただ、現在進行形を学ぶ際、生徒は「〜している」という日本語が持つ意味の幅のために、現在形との使い分けで混乱することが多い。今単元では進行形にできない動詞について理解させるとともに、情景を描写する力を身につけさせていく。

(2) 単元目標

・英語における現在進行形の意味を理解する。　　　　　　　　　　　　　　（知識・技能）

・現在進行形を用いて、今していることを表現する。　　　　　　　　（思考・判断・表現）

・現在進行形を用いて、相手に質問し、答えることで積極的にコミュニケーションを図ろうとする。　　　　　　　　　　　　　　　　　　　　　（主体的に学習に取り組む態度）

(3) 学習ロードマップ

K1	P1	R1
K2	P2	R2
K3	P3	R3

K1：本文から現在進行形の部分を抜き出す。

K2：現在進行形が意味することを理解する。

P1：現在進行形を用いて、今していることを表現する。

P2：現在進行形と現在形を使い分けて表現する。

R1：現在進行形と現在形の違いに気づく。

(4) 単元計画

第1時　　　動詞の現在進行形（肯定文）について理解し、今していることについて英語で表現する。

第2時　　　現在進行形と現在形の違いについて理解し、使い分けて表現する。

第3時　　　発音練習をしながら、新出単語（動詞を含む）、重要語（句）の意味を理解し、

本文（前）の内容を理解する。

第4、5時 現在進行形（疑問文）の意味と形を理解し、今していることについて尋ねたり
答えたりできる。また、本文（中）の内容を理解する。

第6、7時 May I〜？の文の意味と形を理解し、許可を求めたり答えたりできる。また、
本文（後）の内容を理解する。

2 実践のポイント……………………………………………………

　現在進行形と現在形について理解し、同じ「〜している」でも使い分けて表現できるよう
にすることが、本単元の目標である。動作動詞・状態動詞という文法用語を知らなくても、
各動詞に共通する意味合いは理解させることができる。

　また、現在進行形を用いることで、目の前の出来事を、臨場感を持って生き生きと表現す
ることができる。ただ「〜している」という日本語に置き換えるだけでなく、英語表現の持
つ意味を考えながら情景を描写することで、英語で表現する楽しさを実感させたい。

　イラストの情景を描写する活動をさせるにあたり、進行形にできない動詞も選択肢に入れ、
進行形にできる動詞・できない動詞についての理解が定着しているかどうかを見ていく。

3 本時の展開(第2時)………………………………………

(1) 動詞の現在進行形を探す

　第1時で学んだ現在進行形の形を本文から抜き出す。

本文から現在進行形を探し出そう。 (K1)

Some girls are playing volleyball.

Some boys are playing basketball.

What are you doing?

I'm shooting a video about my life here.

But are you enjoying your life in Japan?

(2) 動詞の現在進行形が意味することを理解する

現在進行形とはどんなときに使うのだろう。 (K2)

生徒に抜き出した英文の意味を問うと、次のように答える。

Some girls are playing volleyball. 「何人かの少女がバレーボールをしています」

I'm shooting a video.「私は今ビデオを撮っているところです」

第1時で現在進行形とは「今まさに行っている動作を表す」と教えているので「〜してい

る、～しているところだ」という意味を答える。

（3）現在進行形と現在形の違いに気づく

> 「私はギターを持っています」はどう英語にするのだろう。 (R1)

　I'm having a guitar. と答える生徒もいれば、I have a guitar. だと主張する生徒もいる。どちらが正しいのか考えさせる。その際に、現在進行形は「今まさに、今この場だけ」起きていることであるとヒントを出す。改めてこの二つのどちらがふさわしいか全体に問うと、現在形を使うと答える生徒が増える。have「持っている」「所有している」は今この瞬間だけというわけにはいかない。「兄弟がいる」「ペットを飼っている」など have を用いた他の表現も例に挙げると、みな納得する。「～している」という日本語から全て現在進行形にできるわけではないことを理解させる。ただし、have を「食べる」という意味で使う際には「今まさに～している動作」ということになるので、現在進行形にできることも知っておくよう指導する。

（4）現在進行形と動詞の現在形を使い分けて表現する

　生徒たちを2人一組にし、10人ほどの人物たちが様々なことをしているイラストを渡す。Gap Filling 型でそれぞれ半数分だけ人物たちに名前がついている。まず個人作業として、名前がついているほうの人物について現在進行形を用いて英文を書かせる。今回はヒントとして動詞リストをつけるが、その際に進行形にできない以下の動詞を混ぜておく。

> like（好きだ）　have（持っている）　　know（知っている）　hear（聞こえる）
> see（見える）　taste（～の味がする）　hate（憎んでいる）

　机間巡視を行って、生徒が正しく選べているか、確認する。

（5）現在進行形を用いて、今していることを表現する

> Who is ～? で質問し、He / She is ～ing…. を使って答え、人物を特定しよう。
> (P1)

　既習の文法事項である Who is ～? を用いてお互い名前の分からない人物について質問し合う。答える方の生徒は He / She is ～ing…の現在進行形を用いる。どの人物かを特定し、名前をプリント中に記入する。最後に、今相手が答えた人物を一人選び、人物名 is ～ing の形で書き出す。全員が活動し終えたところで数名を指名し、What is 人物名 ～ing? の質問に答えさせ、英文が作れているか、作業、活動をやり切れているか確認する。

（6）進行形にできない動詞の共通点に気づく

> 進行形にできなかった動詞の共通点は何だろう。 (R1)

先ほどの活動で使わなかった動詞を再度見させ、これらの動詞は進行形にできないことを伝える。進行形にできる動詞とできない動詞の違いを生徒に問う。「気持ちを表すもの」「頭の中で起きていることを表すもの」などの回答が挙がる。そこで、have を例に出したときのことを思い出させる。現在進行形は「今まさに、今この場だけ」起きていることに使うと確認した。上記の進行形にできない動詞は同じ状態が続いていることが前提となる。「今この瞬間好きで次の瞬間嫌いになったりするだろうか」「今は知っているけれど5分後に知らなくなるということはあるか」と尋ねると生徒は納得する。動作動詞、状態動詞としてただ暗記するのではなく、「自分の意志で始め、終わらせることができるか」「今この瞬間だけ〜する、と言えるか」を判断の基準にすることを強調する。ただし、hear や see については「見る」「聞く」という動作ではなく、「ずっと聞こえる」「ずっと目に見える」という状態であることも説明し、listen to〜、look at〜との違いを補足しておく。

4 授業改善の視点……………………………………………………

　本単元では、現在形に次ぐ時制表現である現在進行形が本文に初めて登場した。日本語では「〜した」「〜している」等、動詞の語尾を変えることで時制の違いを表現できるが、英語では動詞の形を変えたり、今回の場合は be 動詞が必要になったりと異なる変化の仕方をする。中学1年ではこの後、過去形を学び、中学2年では過去進行形と未来表現、中学3年で現在完了形と時制は中学3年間を貫く文法の柱と言ってもよい非常に重要な単元である。今回の学習単元では現在形と現在進行形の違いに重点を置き、生徒はある程度理解できたと思われる。様々な時制表現を学ぶにあたり、英語と日本語の違いについても意識させられた。ただ、現在進行形そのものの運用には練習の余地はある。-ing をつけることは理解していても be 動詞を抜かしたりする。Speaking、Writing においての反復演習は授業内外で継続して行わなければならない。

［大貫洋子］

過去形の意味を理解する力

単元名▶ *COLUMBUS 21 English Course 1*（光村図書）
Unit 10 Happy New Year

1 実践の概要

(1) 資質・能力の概要

　Unit 4 で現在形の意味を理解した生徒は、Unit 10で過去形を学ぶ。現在形についてきちんと理解した上で過去形を理解することで、今後学んでいく未来表現や現在完了形の理解へとつながることになる。生徒にとって時制を理解することは、自分のことを表現するために大いに必要な技術である。自分の過去の経験を相手に伝えることや、自分がこれからやりたいことなどを表現できるようになると、表現の幅が大きく広がることになる。今単元で学ぶ過去形はその第一歩とも言えよう。2年生で学ぶ現在完了形の理解でつまずく生徒も少なくない中、1年生のうちにしっかりと身につけさせておきたい資質・能力である。

(2) 単元目標

・英語における動詞の過去形の意味を理解する。　　　　　　　　　　　　　（知識・技能）
・過去に起こった出来事について聞いたり答えたりできる。　　　　　　（思考・判断・表現）
・過去形を理解して自らの過去の経験を表現したり、相手の経験を尋ねながらコミュニケーションを図ろうとする。　　　　　　　　　　　　　　　（主体的に学習に取り組む態度）

(3) 学習ロードマップ

K1	P1	R1
K2	P2	R2
K3	P3	R3

K1：本文から過去形を抜き出す。
K2：過去形の作り方を理解する。
P1：場面や状況に合わせた時制を選ぶ。
P2：過去形を用いて、自己の経験を表現する。
R1：過去形を用いて主体的にコミュニケーションを図る。

(4) 単元計画

第1時　　　発音練習をしながら、新出単語（動詞を含む）、重要語（句）の意味を理解し、本文（前半）の内容を理解する。
第2時　　　過去の疑問文と肯定文の意味と形を理解する。
第3時　　　理由を尋ねる表現と理由を説明する表現を理解する。
第4時　　　過去の否定文の意味と形を理解する。

第5、6時 　感嘆を表す表現を理解し、本文内容（後半）を理解する。

第7時 　　　本文内容を踏まえて自分自身が経験したことについて表現する。

2 実践のポイント……………………………………………………

　過去形について理解し、過去の経験について尋ねたり、その質問に答えることができること、さらに自分の経験を、過去形を用いて表現できることが本単元の目標である。よくある英文法の指導法として、その用法を教師が説明した後に、ワークシート等を用いて練習するというのがあるが、主体的、対話的に学ぶ時間を増やすために、説明の時間は極力短くし、導入は本文理解から入っている。本文の中で過去形が使われていることに概念的に気づかせ、その用法について自ら理解して使おうとする姿勢を養いたい。本単元で生徒は初めて過去形に触れることになるが、過去形を生徒に探させ、本文内容からどのような特徴があるのかを考えさせて気づかせる。その後にワークシートを用いて理解を深めたい。

　この指導の流れは、教師が一方的に文法事項を説明して、それに基づいて練習問題を解くというものではなく、生徒が自らの知識や知恵を用いてルールを導き出すことで深い学びを得られると考えるためである。言語活動の中でルールに気づかせ、実践させていきたい。本単元で扱うのは過去形という基礎的な文法事項であるため、容易に気づきを得られるかもしれないが、今後複雑な英文法を学習する際にも実践できる指導法である。

3 本時の展開（第2時）………………………………………

(1) 過去形を探す

　第1時で学んだ本文から過去形を抜き出す。

> Did you enjoy New Year's Eve?

> Yes, I did.　We visited our friend's house.

> Did you try toshikoshi soba?

> No, I didn't.　He called me this morning.

　生徒は第1時で概念的に過去形に触れている。大晦日のことについて過去形を用いて質疑応答をしている内容に触れ、過去の内容についての会話が展開されていることを理解している。生徒にとって過去形を抜き出すのは初めての作業のはずだが、多くの生徒は探し出すことができる。疑問文とその答え方の形が、現在形と過去形とでは同じであることにも気づかせたい。ここでは did は do の過去形であることや、その否定の形が didn't であることを指導する。また、肯定文を表現するために、一般動詞の過去形の作り方を visit（訪れる）、call（電話する）を例に挙げながら説明を加える。

(2) 本文内容に基づいて、動詞を変えながらワークシートで対話をする

　・Did you enjoy New Year's Eve?

　・Yes, I did. I visited my grandfather's house.

・That's nice.

・Did you play video games yesterday?

・No, I didn't. etc.

ワークシート例

Did you～	Question	Your friend's answer
（例）enjoy New Year's Eve	Did you enjoy New Year's Eve?	Yes, I did. I visited my grandfather's house.
（1）play video games		
（2）finish your homework		
（3）自分で考えて		

その他の動詞の例

enjoy（楽しむ）　watch（見る）　cook（料理する）　wait（待つ）　like（好き）　listen（聞く）
help（助ける）　study（勉強する）　start（始める）　clean（掃除する）　try（試す）

時間を表す副詞等

last year（去年）　yesterday（昨日）　three days ago（3日前）　last Sunday（先週の日曜日）

　生徒は本文に使用されている過去形の文を参考にしながらワークシートの質問を作成する。また、その答えも同様である。練習として使用できる動詞の中には、「一般動詞の過去形を作るためには -ed をつけるとよい」と覚えた生徒が間違えそうな動詞を加えてある。十分な時間を取り、机間指導をしながら個別で対応することが大切である。間違った例文を反復練習させないようにすることに注意を払わなければならないが、適宜作業を止めさせて生徒の気づきを全体で指導しながら対話を続けさせる。"Oh, really?" "Did you enjoy it?" "Oh, I did that, too." "That's nice." などの相づちを打つ表現もあわせて指導すると、より対話的になるので、作業を始める前に紹介して対話の例を指導しておく。最後に、いくつかのペアに発表してもらうことで、話す力と聞く力をさらに養うようにしたい。

（3）過去形の基本的な作り方を復習する

　1．そのままつける。　　play → played

　2．e で終わる場合は -d だけつける。　　like → liked

　3．子音字＋y で終わる時には y を i にかえて -ed をつける。　　study → studied

　4．短母音＋子音字で終わる場合は子音字を重ねて -ed をつける。　　stop → stopped

　ワークシートで練習を行う際にはまだ指導していない。対話を優先しているためである。順序が逆に思うかもしれないが、先に述べたように、過去形について概念的に学んだことを最終段階で具体的に学習することを目的としていたためである。また、話すことで練習した後に書くことでライティングの力を確立させたいという意図がある。対話を中心に行っていた生徒は書き間違うかもしれないが、あらためて説明を加えることで気づきにつながり、理解も深まると考える。過去形に変化させるルールを指導する際に、生徒は様々なことに気づきながら修正をして理解をしていくことになる。「3 人称単数の -s をつける場合」と「-ing

をつける場合」に似ていると気づく生徒もいるが、混乱させないように注意させたい。1〜3は「3人称単数の -s をつける場合」と同じルールで、4は「-ing をつける場合」と同じである。また、4に関しては、本時のアクティビティでは自分で考えて出てくる単語であるとは限らないため、例を挙げきちんと指導しておきたいルールである。過去の経験を表現しているうちに I ate toshikoshi soba. や、I went to〜. など不規則動詞を使わざるを得ない生徒も出てくることも想定されるが、本単元ではまだ扱わないため、そのような動詞もあるという紹介に留めておくようにしたい。一つ一つの単元を確実に理解して使用できるようにしていくことで、次の単元へとつなげていくことが目標である。

4 授業改善の視点………………………………………………………

　本単元では過去形が本文に初めて登場し、現在形だけでは表現できない過去の経験を聞いたり、それに答えることができるようになった。英文法を理解して使用できるまでなるには反復練習が必要であることは言うまでもないことであるが、本単元で注意しておかなければならないことは、形式的な練習で終わらせてはならないことである。授業では例文を見ながらの練習であるためか、正確な文を作成して発表もできたはずが、過去形の疑問文と肯定文、さらには第4時で学ぶ過去形の否定文を指導したあとに、しばらくしてもう一度（試験などで）疑問文を作らせると、*Do you enjoyed New Year's Eve? や、*Did you enjoyed New Year's Eve? などとしてしまう生徒がいるのが現状である。また、一般動詞の過去形で不規則に -ed がつく動詞では、*tryed や、*studyed としてしまう生徒も少なくない。過去形を指導する際は、概念だけではなく、基本文を繰り返し音読させたり、言語活動の中で何度も口にさせることはもちろんのこと、did は助動詞であることや、疑問文では動詞の原形になるという理屈をきちんと理解させておくことは大切なことである。また、書くことの反復練習も忘れてはならない。

　今後、本単元で学んだ過去形は過去進行形へと発展したり、2年生では未来表現、3年生では現在完了形と表現の幅も広がっていくことを考えると、ここで過去形を適切に使うことができることは大変重要である。過去形の基本ができて初めて過去形の不規則動詞の導入にもつながるし、その他の時制の理解にもつながる。しっかりと身につけさせてから次の単元へとつなげていきたい。

［西　洋祐］

育てる資質・能力

表現力（予定や意志、これからのことを伝える力）

実施学年 **2年**

単元名 ▶ *COLUMBUS 21 English Course 2*（光村図書）
Unit 3　Plans for the Summer

1 実践の概要……………………………………………………………………

(1) 資質・能力の概要

　中学１年次から本単元に入るまでに、生徒は動詞の現在形、過去形を学習し、自分のする（している）こと、及びした（していた）ことを表現する資質・能力を体得している。本単元では、自分のしようとしていることやこれからのことを伝える力を資質・能力として養うことで、最終的には現在・過去・未来での事柄を表現できるようになる。これから起こるであろうことを予測したり、様々な手がかりから状況を推測したりする能力と併せ、be going to, will（以下、これからのことを伝える表現）を用いた「表現力」という資質・能力の完成を目指したい。

(2) 単元目標

・自分の予定を伝えたり、相手の予定を尋ねたりできる。　　　　　　　　　　（知識・技能）

・現在や明日の天気などについて聞き取ったり、伝えたりできる。　　　　　　（知識・技能）

・これからのことについて推測や意思を述べることができる。　　　　（思考・判断・表現）

・be going to, will でそれぞれの意味の違いが出てしまう状況を探す。

　　　　　　　　　　　　　　　　　　　　　　　　　　（主体的に学習に取り組む態度）

(3) 学習ロードマップ

K1	P1	R1
K2	P2	R2
K3	P3	R3

K1：これからのことを伝える表現を抜き出す。

K2：これからのことを伝える表現が意味することを理解する。

K3：これからのことを伝える表現を実際に用いて、自分の夏休みの予定を伝えたり、相手に尋ねたりする。

P1：これからのことを伝える表現が使われている場面や状況を考える。

P2：これからのことを伝える表現が使われている場面や状況で表されている内容を理解する。

R1：be going to, will でそれぞれの意味の違いが出てしまう状況を探す。

(4) 単元計画

第１時　　　トピックに関心を持ち、本文全体を聞いて概要をつかむ。

第２〜５時　be going to の意味と使い方を理解し、それが用いられる活動を行う。

第6、7時　will の意味と使い方を理解し、それが用いられる活動を行う。

第8、9時　be going to, will が混在して用いられている場面から、登場人物の予定やこれからのことを読み取ることができる。

2 実践のポイント……………………………………………………

　be going to, will について理解することが、本単元の目標である。英語における「未来」は、現在形、過去形とは異なり、動詞の活用や変化によって表される時制ではないため、「未来形」という表現を用いず、「これからのことを伝える表現」として生徒に認識させることから本単元の指導が始まる。「これからのことを伝える表現」として、be going to, will の2種類の表現があることを生徒に導入、紹介し、それぞれが表す意味の違いを認識、理解させる。そして実際に用いられている場面でそれぞれの表現の持つ意味を正しく理解して使える力、すなわち、表現力の完成が最終目標である。

3 本時の展開（第9時）……………………………………………

(1) 「これからのことを伝える表現」を探し出す

　これまでで学んだ本文から be going to, will を抜き出す。

> 教科書から「これからのことを伝える表現」が用いられている文を探し出そう。　(K1)

　　I'm going to visit my cousins in Okinawa.

　　I'm going to practice basketball here.

　　I'll just do my homework, I guess.

　　Maybe I'll practice the guitar.

　　I think you'll like him, too.

(2) 「これからのことを伝える表現」を2つのグループに分類する

> 「これからのことを伝える表現」を2つのグループに分けてみよう。　　　　(K2)

　まず、分類された表現を、誰が言ったかについてまとめさせる。

I'm going to visit my cousins in Okinawa. I'm going to practice basketball here.

→ミンホ

I'll just do my homework, I guess. Maybe I'll practice the guitar.

→タク

I think you'll like him, too.

→ティナ

そして、be going to, will はそれぞれ次のような意味を持つことを生徒に確認する。

> be going to「〜する予定だ・〜するつもりだ」
> will「〜するつもりだ・〜するだろう」

(3) どのような状況で上記の表現が用いられたかを確認する

ここで、どのような場面で上記の表現が使われたかを、登場人物の置かれた状況と併せて整理をする。

> ミンホ、タク、ティナはそれぞれどのような場面で発言したのかを整理しよう。 (K2)

・ミンホ（夏休みの予定が明確に決まっている）
・タク（夏休みの予定がはっきりとは決まっていない）
・ティナ（夏休みにタクが一緒にニューヨークへ行くことを祖父母に手紙で伝えている）
　ここで、さらに上記の3人をある共通点に基づいて、2つのグループに分け、共通点を探させる。

Aグループ（be going to）
ミンホ

Bグループ（will）
タク、ティナ

> Aグループは自分がこれからすることについて（　　　　　　　　）段階で
> （　　　　　　　　）分かっているが、Bグループは、これからする、起きることについて（　　　　　　　　）段階で（　　　　　　　　）は分かっていない。

　Aグループ（ミンホ）の状況は本文からすぐに推察できるであろうが、Bグループ（タク、ティナ）は困難を極める。しかし、二人の夏休みの予定や、ティナの祖父母がタクに会ったことがないことに関して目を向けさせると、答えが出る。

> Aグループは自分がこれからすることについて（発言している）段階で（明確には）分かっているが、Bグループは、これからする、起きることについて（発言している）段階で（明確には）分かっていない。

(4) 両者の違いに気づかせる

最後に、同じ「これからのことを伝える表現」であるのに両者を使い分けるかを考える。

> どのようにして、be going to と will を使い分けるのでしょうか。 (K2)

ある生徒は、はっきりしているかしていないかの違いであると発言した。加えて、別の生徒が、発言している段階でそれが分かっているかどうかということは、あらかじめそれが決まっていたかどうかも重要であると指摘したことでクラスとして理解が深まっていく。そこで、次の文に be going to, will を加えてどのような意味の差が出るかを指摘させ、be going to, will の使い分けにおける重要な違いを生徒に気づかせる。

> （基本文）Mr. Kimura marries that girl. 木村先生はあの子と結婚する。
> ① Mr. Kimura is going to marry that girl.
> 　［あらかじめ決まっている・はっきりしている］→ be going to の中心的意味
> 　木村先生はあの子と結婚することになっている。（すでに確定している）
> ② Mr. Kimura will marry that girl.
> 　［あらかじめ決まっていない・はっきり分からない］→ will の中心的意味
> 　木村先生はあの子と結婚するだろう。（確定しているかどうかは分からない）

　このようにして、「これからのことを伝える表現」は、発話の時点において決められていたことかどうか、あるいはその兆候が感じられるかどうかという点において使い分けられることを確認する。日本語だけの訳に捉われず、その違いを英語として本質的に生徒に理解させることが重要である。

4 授業改善の視点……………………………………………………………

　本単元では、「これからのことを伝える表現」が本文に初めて登場し、表す意味やその違いを学んだ。これで生徒は、現在、過去、未来の3つの時間に起きる、起きた、起きるであろう事柄について表現できることになり、生徒の表現力の向上に大きく寄与したと言える。また、イギリス英語研修後の授業ということもあり、生徒は実際の会話やコミュニケーションで使われた場面を想起して活動に参加していたように思われ、教室での学習内容が、実際の生活とうまく結びつき、理想的なタイミングで今回の授業が行えたことも大きかった。

　学習が進むにつれて、「これからのことを伝える表現」として、現在進行形が用いられていたり、Will you 〜? の文で「〜してくれますか」という「依頼」の意味を持つ表現になっていたりと、本時の学習から新たに知識を獲得できる場面が多々出てくる。しかし、本単元で学習した be going to, will の中心的意味をしっかりと体得していれば、その理解も難しいものではない。今後も様々な場面で用いられてくるが、その都度、be going to, will の中心的意味を確認しながら学習を進めていくことで、理解と定着を確かなものとしたい。

[木村 惠]

情報伝達力（There is/are〜を用い、新しい情報を伝達する力）

実施学年 2年

単元名 ▶ *COLUMBUS 21 English Course 2*(光村図書)
Unit 4　Taku Gets Lost

---

1 実践の概要 ···

(1) 資質・能力の概要

　There 構文を用い、新しい情報を相手に伝えることは、相手とのコミュニケーションを図る上で大変重要である。「どこに」「何がある」を説明したり、尋ねることができるようになれば会話が広がるとともに、自分の地域や身近な場所を紹介するのに不可欠なことである。さらに、物の位置関係を正確に表現できる力も重要である。

(2) 単元目標

・There is/are の使い方と否定文・疑問文とその答え方を理解する。　　　　（知識・技能）

・There is/are を用い、どこに何があるのか説明することができる。　（思考・判断・表現）

・自分の住んでいる場所や身近な場所に関して、相手に尋ねたり、適切な位置関係を正確に
　説明しようとすることができる。　　　　　　　　　　（主体的に学習に取り組む態度）

(3) 学習ロードマップ

K1	P1	R1
K2	P2	R2
K3	P3	R3

K1：本文から情報を伝える表現を抜き出す。

K2：There is/are の表現を用い、情報を尋ねたり、説明したりすることを理解する。

P1：自分の住んでいる町や身近な場所にあるものを説明できる。

P2：正確な位置関係を説明できる。

R1：相手に対して新しい情報を伝えたり、尋ねたりすることができる。

(4) 単元計画

第1時　　　発音練習をしながら、新出単語、重要語（句）の意味を理解する。また、本文の読みの練習もする。

第2時　　　新しい情報の伝え方（There is/are を用いる）について理解する。

第3、4時　There is/are を用いて、自分の住んでいる町や身近な場所にあるものを英語で尋ねたり、説明したりする。

第5時　　　相手に対してどこに何があるかを尋ねたり、正確な位置関係を説明したりする

ことができる。

第6時　　　本文の発音練習をして、内容を理解する

2 実践のポイント……………………………………………

　There is/are を用いて、新しい情報を伝達したり、尋ねたりことができるようになり、同時に位置関係を表す語句（前置詞）を正確に運用できることが、本単元の目標である。相手との会話や道を尋ねたり、教えたりする際に必要不可欠な表現であり、運用できる力を定着させる必要がある。

　また、be 動詞の理解が不十分ではここでの表現形式の理解にはつながらない。1年次の文法力の定着は最低条件である。不十分なものに対しては復習が徐々に必要になってくる。さらに、前置詞の練習・理解も忘れてはならない重要項目である。

3 本時の展開（第2時）……………………………………

(1) 新しい情報を伝える表現を探す

第1時で読みの練習をした本文から情報を伝える表現を探す。

本文からどこに何があるかを言っている文や答えを探し出そう。　　　　　　　　　　　(K1)

　There are some trees around the pond.

　Is there a big building near you?

　Yes, there is.

(2) 新しい情報を説明する方法を理解する

どこに何があるか説明してみよう。　　　　　　　　　　　　　　　　　　　　　　　(K2)

「池の周りに何本か木があります。」

「その家の前には1台の自転車があります。」を生徒に英語で言わせてみると、

(1) で抜き出した本文を参考に、本文と同じものは There are some trees around the pond. そうでないものは There are a bike in fort of the house.（in front of は書けない）と書いてしまうことが予想できる。be 動詞の選択の仕方が理解できていないからである。

　そこで、次のように板書をしてまとめる。

There are some trees around the pond

　「池のまわりに何本か木があります」

There is a bike in front of the house.

> 「その家の前には1台の自転車があります。」

be 動詞の後ろに来るものが単数なら is、複数なら are になることを理解する。また、There は「そこ」という日本語にはならないこともあわせて理解させる。

(3) 新しい情報を相手に尋ねたり、返事をする方法を理解する

ここで、どこに何があるかを尋ねたり、答えたりする方法を本文から探した例文を参考に考えてみる。

> 「相手の近くに大きな建物があるのか」と「相手の部屋に何冊かの本があるのか」を尋ねる方法を考えてみよう。また、その質問に答えてみよう。　　　　　　(P1)

「あなたの近くに大きな建物はありますか。」「はい、あります。／いいえ、ありません。」
「あなたの部屋に何冊かの本がありますか。」「はい、あります。／いいえ、ありません。」
　生徒は、There の前に Is/Are を置くのが理解できないものもいるはずである。本来 be 動詞の文では主語の前に be 動詞を置くが、There is/are は主語が be 動詞の次にきている名詞の主語になるため、疑問文やその答え方は今までに習った be 動詞の使い方と一致しないことを十分に理解させる。

There is a big building near me.
　　　　↓　（疑問文に）
Is there a big building near you? 「あなたの近くに大きな建物はありますか。」
→ Yes, there is. / No, there isn't.

There are some books in my room.
　　　　↓　（疑問文に）
Are there any books in your room? 「あなたの部屋に何冊かの本がありますか。」
　　　※ some が any に変わることも注意。
→ Yes, there are. / No, there aren't.

---

(4) 新しい情報を説明したり、尋ねるときに位置関係を付加できる

最後に、There is/are を用いた文で位置を表す語句を定着させる。

> 「〜の中に」「〜のそばに」「〜の近くに」「〜の周りに」「〜の上に」「〜の前に」を用いて情報を説明し、質問してみよう。　　　　　　(P2)

日本語を板書して、英語にし、疑問文を作れるか練習させる。

「公園の周りに4軒の家があります。」There are four houses <u>around the park</u>.

「私の家のそばには大きな木があります。」There is a big tree <u>by my house</u>.

「その木の近くには池があります。」There is a pond <u>near the tree</u>.

「私の家の前には2台の自転車があります。」There are two bikes <u>in front of my house</u>.

「私の部屋にはピアノがあります。」There is a piano <u>in my room</u>.

「机の上には何冊かの本があります。」There are some books <u>on the desk</u>.

このようにして、There is/are を用い、どこに何があるかを説明する方法や、相手に尋ね、答える方法を理解する。

4 授業改善の視点……………………………………………………

本単元の中心の目標である相手に対してどこに何があるかを説明したり、尋ねるために There is / are を用いて表現する力を定着させるということが達成できているかどうかの判断は、今後の言語活動の中でいかに自然に用いることができるかである。その答え方も、Yes や No だけにとどまらず、その後のやり取りにつなげられるまで練習できるとよい。教科書の本文を見るにあたっても、Yes の後に、追加の情報を相手に伝えたりと、一つの事柄に対して、会話を膨らませることができるかどうかも大切な要素である。

正確な位置関係を伝える場所を表す前置詞も同時に定着させる必要がある。自分の住んでいる町にあるものや身近にあるものを伝えるためには、前置詞は必要不可欠である。今後、さまざまな言語材料を用いて練習を重ねたい。

［阪 幸信］

不定詞の意味を理解する力

単元名▶ *COLUMBUS 21 English Course 2*(光村図書)
Unit 5　Aya's Time in Okinawa

---

1 実践の概要 ……………………………………………………………

(1) 資質・能力の概要

　生徒にとっては動名詞と不定詞の名詞的用法はまったく同じ意味であるという認識が以前にはあったかもしれない。しかし、実際の用法において、動名詞の持つ「躍動感」や、不定詞の示す「これから行われること」を生徒たちに意識させることが真の理解につながり、その先に実践的な英語の習得があるのだと考える。すなわち、導入部分はただの構文暗記に過ぎないものであっても、数年後にその真の意味が理解でき、かつ使いこなせるようになることがこの単元の目標であるべきである。

(2) 単元目標

・動名詞、不定詞の名詞的用法における意味を理解し、簡単な表現が言える。(知識・技能)
・動名詞、不定詞の名詞的用法を用いて、普段していることを表現する。(思考・判断・表現)
・英語の構造を理解した上で、場面や状況に合わせて自ら適切にコミュニケーションを図ろうとする。　　　　　　　　　　　　　　　　　　　　　(主体的に学習に取り組む態度)

(3) 学習ロードマップ

K1	P1	R1
K2	P2	R2
K3	P3	R3

K1：本文から動名詞、不定詞の表現を抜き出す。

K2：動名詞、不定詞の表現が意味することを理解する。

P1：動名詞、不定詞を場面や状況に合わせて用いる。

P2：動名詞、不定詞を用いて自分が好きなことやしたいことを表現する。

R1：動名詞と不定詞の違いを理解してコミュニケーションを図る。

(4) 単元計画

第1時　　　動名詞と不定詞（名詞的用法）の基本文型を理解し、基本例文を英語から日本語に直すことができるようにする。

第2時　　　動名詞と不定詞（名詞的用法）の基本文型を理解し、基本例文を日本語から英語に直すことができるようにする。

第3、4時　新出単語の理解暗記、本文中の動名詞の理解、全文和訳及び日本語から英語へ

の変換。

第5、6時　新出単語の理解暗記、本文中の不定詞の理解、全文和訳及び日本語から英語への変換。

2 実践のポイント……………………………………………………

　本文における動名詞と不定詞は両方とも新出の文法表現である。生徒にはその意味と用法の理解、英語から日本語、日本語から英語への変換をクイック・レスポンスできるところまでもっていきたい。その後、自分の趣向に合わせた英文の作成、将来の進路目標等を英語で表現でき、かつそれらをペアワーク、グループワークを通して実践することが重要になってくる。しかし、そこまでは従来の学習方法となんら変わりはない。問題はその後である。「なぜ enjoy の後ろには -ing 形しかこれないのか」「なぜ want の後ろには to 不定詞を用いるのか」といった問題に関して、「『楽しむ』ことができるのは、『その時』でしかなく躍動している様子をあらわす」であったり、「to の後ろに来るものは元来、時間軸でいう未来を示すので、前置詞の to と同様に未来における動作を対象とする」といったことに「気付かせる」ことができれば、それがより深い学びへとつながるはすである。

3 本時の展開（第3時）……………………………………………

(1) 動名詞、不定詞の英文を探す。第1、2時で学んだ本文から -ing 形と不定詞を用いた英文を抜き出す

本文から -ing 形を探し出そう。	(K1)

　I <u>enjoyed swimming</u> in the sea.
　I <u>want to be a musician</u> in the future.

(2) 上記の2つの英文における -ing 形と不定詞はどのように違うか考えさせる

swimming と to be a musician ではそれぞれの意味はどう違うか。	(K2)

　意味の違いについて質問すると生徒は swimming「泳ぐこと」、to be a musician「音楽家になること」という回答が得られることが予想させる。そこで簡単な英語を用いて動名詞と不定詞の表現を考えさせ、言わせる。

（例）　走ること	running	笑うこと	smiling
	to run		to smile
踊ること	dancing	読むこと	reading

to dance	to read

　本文中には amazing と Thank you for listening. という表現が出てくるが、ここでは敢えて swimming と to be a musician 2 つの表現に重点を置く。

（3）動名詞、不定詞を場面や状況に応じて用いる

　本文の内容に関して、Comprehension Questions に答えさせる。

（例）（A）What did Aya enjoy in Okinawa?

　　　　　― She enjoyed swimming in the sea in Okinawa.

　　（B）What does Aya want to be in the future?

　　　　　― She wants to be a musician in the future.

　代名詞の用法と時制に注意を払わせて答えさせる。特に Aya が沖縄で泳ぎを楽しんだのは過去の「その時」における出来事だが、将来、音楽家になりたがっているのはこれからの「未来」のことであることに気づかせることが目標である。

（4）動名詞、不定詞を用いて自分が好きなことやしたいことを表現する

　ワークシートを利用して、自分の好きなことや将来の目標を英文で考えさせて、書かせる。その後、ペアワーク、グループワークを通して他の生徒の情報を収集し、その後で、それを利用して英文を作成させる。

（例1）I enjoy listening to music every day.

　　Q：What do you enjoy doing every day?

Mr. Aizawa	playing soccer
Mr. Saito	relaxing

Mr. Aizawa enjoys playing soccer every day.
Mr. Saito enjoys relaxing every day.

（例2）I want to be a soccer player in the future.

　　Q：What do you want to be in the future?

Mr. Ito	teacher
Mr. Kikuchi	golfer

Mr. Ito wants to be a teacher in the future.
Mr. Kikuchi wants to be a golfer in the future.

例1の動名詞の場合は、その時における状況や動作を表現した内容になるのに対し、例2の不定詞の場合は、これから先の未来についての描写になる。英文によっては動名詞と不定詞の相違点は曖昧になってしまうが、ネイティブスピーカーの感覚をなんとなくではあるが「感じる」ことが重要である。特に To play the guitar is fun. のような英文を不自然に感じることが、最終的な目標となる。ただ単に It is fun to play the guitar. の書き換えとして教える時代はもう終焉を迎えようとしている。中学文法においては、初見の文法構造を簡略化、パターン化しようとするあまりに不自然な英文が散見させる。それを否定することは今までの日本の英語教育そのものを否定することになるので難しいところだが、「実践的な表現とは何か」という問題に関しては、教科書はおろか全ての参考書類を精査しなければならなくなる。

4 授業改善の視点……………………………………………………

　本単元で学ぶ内容は、動名詞と不定詞の基本である。最初はあまり意識しなくとも、高校、大学と進学するにつれ、その難しさを痛感する項目であることは間違いない。実践的な英語表現を意識し、「使える」英語を目指すのであれば、これから直面する文法の壁を乗り越えていくことが必要であろう。生徒達にとっては want to, hope to, try to, enjoy-ing, finish-ing のような簡単な表現を暗記することは比較的容易である。しかし、動名詞や不定詞を用いた高校レベルの熟語表現や、to 以下が結果をあらわす特別な用法を頭の中で整理し、理解し、自分のものにして使えるようになることは並大抵ではない。

　「動名詞は躍動感をあらわし、不定詞はこれからを指し示す」という基本を生徒に感じさせ、感覚として身に付けさせることは極めて重要である。英語をただ日本語で理解し、問題演習によって「英語そのもの」でなく、「英語について学ぶ」学習は、今後、機能しなくなることは明白である。

［野本孝英］

育てる 資質・能力

助動詞 must, mustn't の意味を理解し、それらを用いて情報収集および伝達をする力

単元名 ▶ *COLUMBUS 21 English Course 2*(光村図書)
Unit 6　A Therapy Dog

1 実践の概要

(1) 資質・能力の概要

　must, mustn't は英語を使ったコミュニケーションにおいて非常に重要な意味を持つ。must 自体が強い意味を持つ助動詞であり、この助動詞が使われる状況では、行動の強い必要性や禁止が訴えられる。したがって、この助動詞を理解し使用できる力は、問題や危険を回避するために必須である。しかし、「しなければならない」や「してはならない」を表現するために、既習である have to や can't や may not も、ニュアンスの違いはあるものの似たような状況で使われ得るので、これらも含めて習得する必要がある。

(2) 単元目標

・must や mustn't の意味を理解し、その形式的操作を行うことができる。　　（知識・技能）

・must や mustn't などの助動詞を用いて、しなければならないことやしてはならないことを表現できる。　　　　　　　　　　　　　　　　　　　　　（思考・判断・表現）

・場面や状況に合わせて自ら適切に英語を使用してコミュニケーションを図ろうとする。

　　　　　　　　　　　　　　　　　　　　　　　　　　（主体的に学習に取り組む態度）

(3) 学習ロードマップ

K1	P1	R1
K2	P2	R2
K3	P3	R3

K1：教師による文法事項の導入、タスク事前指導

K2：タスク1後の must, mustn't の文法指導

K3：must, mustn't を使うタスクに取り組む（タスク1）

P2：タスク2後の教師の指導で must, mustn't の理解確認

P3：概念的知識を得た状態で改めて類似タスクに取り組む（タスク2）

R1、R2：日本の標識の課題を発見し、改善案の提案

(4) 単元計画

第1時	Pre-reading 活動、単元全体の本文リスニングと概要理解
第2時	Part 1 の文法項目（不定詞－形容詞的）導入、タスク活動、文法説明、練習
第3時	Part 1 本文理解とリーディング活動

第4時	Part 2の文法項目（不定詞詞的用法）導入、タスク活動、文法説明、練習
第5時	Part 2本文理解とリーディング活動
第6時	Part 3の文法項目（must, mustn't）導入、タスク活動、文法説明、練習
第7時	Part 3本文理解とリーディング活動

2 実践のポイント………………………………………………

　最初に must, mustn't の意味とルールを日本語で提示することは簡単だがそれはしない。文法ルール提示の前に、生徒に英語を使って目的を遂げるタスク（タスク1）を課す。must や mustn't を使うと意思伝達がスムーズになるタスクである。まずは、事前に教師のデモンストレーションを見せて参考にさせる。教師が使用する英語を通して、生徒の文法ルールへの気づきや推測を促す。その後、実際に生徒自身がタスクに取り組む。試行錯誤しながらタスクを達成しようとすることで、生徒に must や mustn't の必要性を強く感じさせる。その後に文法ルールを提示することで、生徒の積極的な文法習得を促す。また、タスク後に文法の明示的指導を受けることで、生徒は自分の漠然とした気づきや推測を明確な概念的知識へと変えることができる。そして、文法形式操作のドリルを経て、類似のタスク（タスク2、3）に取り組むことで、獲得した概念的知識は経験を通して手続き的知識へと近づけられる。

3 本時の展開（第6時）………………………………………

(1) オーラルイントロダクションにより must, mustn't の意味への気づきと推測を促す

　何かの行動の指示と禁止を意味する標識をいくつか見せながら、それらの意味を尋ねる。最初は既習表現である "Do not" や "You cannot" などを使って標識の意味を確認するが、その会話の流れで must と mustn't も提示することで、それらの意味に気づいたり推測したりする機会を与えるとともに、既習表現との関連性も理解させる。

T：*What do you think this sign means?*

STs："No smoking." "Don't smoke."（など、既習表現を使った返答が予想される。）

T：*Yes. It is easy to understand. This sign says, "Do not smoke here." "You cannot smoke here.", "You mustn't smoke here."*

T：*What about this?*

STs："Turn right here."（などの応答が予想される）

T：*Yes. This sign says, "You have to turn right here." "You must turn right here."*

　次に、意味が分かり難い標識を提示し、その意味を考えさせる。ここでの教師の発問と生徒のやりとりは、この後のペアでタスクに取り組む際のモデルとなる。

T：*What do you think this sign means? This sign is hard to understand.*

This sign probably means "You mustn't stand here." We can see this sign maybe in theaters. What do you think, ST1?

ST1：*I think this sign means "You cannot stop here." We can see this sign on a busy street like Ameyoko.*

T：*You are right. This sign probably means, "You mustn't stay here."*

(2) デモンストレーションを参考にペアでタスクに取り組む（タスク1）

　意味が分かりにくい標識をいくつか提示し、ペアでその意味を英語で話し合わせる。標識の意味を話し合って解明するという目的を与え、目標文法は must と mustn't だが、あえてこれらを使うようにと指示はしない。こうすることによって、タスクは言語使用が目的ではなく、問題解決が目的となり、生徒は今持っている知識を総動員して、英語でタスクを完遂しようと主体的に取り組む。

(3) 発表と文法指導：生徒の意識を意味伝達から形式へと向ける

　話し合いの最中に教師は机間巡視を行い、生徒がタスク中に使用する英語の特徴をよく観察しておく。ペアでの話し合いが終わったら、どのような意見が出たか数組に発表させる。その後、実際の標識の意味を提示する。そして、オーラルイントロダクション、生徒の発表の内容、机間巡視中に観察した内容を元に、must, mustn't とその類似表現の文法指導を行う。ここでは細かい説明が必要となるため、日本語を使用する。具体的には、mustn't = must not であり、その他の助動詞と同じく動詞の原形が後に続き、否定文では直後に not が付く。

(4) 形式への理解を深める活動

　教科書の P.71［1］のアクティビティを使って must と mustn't の定着を図る。標識の写真を見ながら、それについて説明している音声を聞き、その標識の意味を以下の指定された形のどちらかを使って表現する。

This sign says, "You must_____."

This sign says, "You mustn't_____."

(5) 文法指導後に異なる標識の意味を話し合うタスク（タスク2）に取り組む

スキー板立てかけ禁止の標識
SETON（https://www.seton.com/）

　タスク1と同様の方法で行うが、パートナーと教材を変えることで、タスク1で得た知識と経験を類似の状況に転移させる機会を与える。ここでも使用すべき文法形式は指定しないが、文法指導の直後のため、生徒は自然と目標文法を使用しようとする。このような文法指導を挟んでのタスクの繰り返しは、生徒の英語アウトプットへの心理的ハードルを下げるこ

とで流暢さの向上をもたらすだけでなく、正確さと複雑さの向上も促す。タスク１と同様、タスク後に数組の発表を行い、生徒が使用した英語で気づいた点についても指導する。

(6) タスク１、２に関連しているが、異なったタスク（タスク３）に取り組む

　タスク１、２で扱った標識のうちのいくつかはより認識しやすい改定版が作られている。これを例に挙げて教師と生徒で、なぜこれらの標識が分かりにくいか、外国人でもわかるようにするにはどのように変更すべきかを英語で話し合う。

T：*Why is this sign hard to understand?*

ST2：*I think this man is not doing anything.*

T：*Yes. That's why this is hard to understand. Then, what do we need to do?*

ST2：*The man must do something like entering.*

T：*That's right. It needs some actions to enter something.*（黒板に以下を板書）

Why is this hard to understand?　→　No actions.

How do you change this?　　　　→　The man does some actions to enter something.

T：*OK, can you draw the sign like that on the board?*

ST2：*OK.*（黒板に改定版の標識を描く）

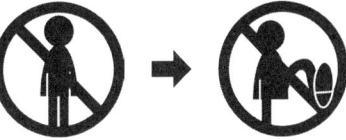

標識は PIXTA〔https://pixta.jp/〕参照

　その後、実際に改定された標識を提示する。上記のデモンストレーションを参考にペアでその他の標識についても、なぜ分かりかりにくいのか、どのように変えれば分かりやすいものになるか話し合って結果をワークシートの左側に英語で記入させ、改定版の標識の絵をワークシートの右側に描かせる。最後に各ペアが考えた改訂版の標識を数ペアに発表させて終了とする。時間が許すなら、さらに創造的なタスクも可能である。自分たちの地域や学校内にほしい標識を話し合わせて、実際に標識を描かせる。そして、それをペアごとに見せ合って、他のペアの作った標識の意味を当てさせる。これを英語で行わせることによって、より自由度の高い環境で英語を使用することになり、目標文法への理解と定着の度合いも高まる。

4 授業改善の視点……………………………………………………

　タスク１では英語での自由なやり取りを期待して、敢えて使用する形式を指定しなかったのだが、生徒は教科書の内容などから目標文法項目を事前に察知して使用しようとする。こうなると、問題解決や意味伝達を最終目標にしたコミュニケーション活動ではなく、言語使用や形式獲得を目標にした言語活動の要素が高くなる。このような活動だけ行っていると、生徒は形式が事前に与えられないリアルなコミュニケーションの場では英語を産出できなくなってしまう。しかし、教科書に沿って進める限り、目標文法を意識させないことは難しい。そのため、今回のように教科書の内容に沿ったタスクに加えて、教科書の進行とは全く別の所で帯活動としてタスクに取り組ませることも必要と思われる。　　　　　［近藤真介］

描写力（様々なものを比較し、優劣や差異を描写する力）

単元名 ▶ **COLUMBUS 21 English Course 2**(光村図書)
Unit 7　You Are the Problem

1 実践の概要……………………………………………………………

(1) 資質・能力の概要

　生徒たちはこれまで、形容詞や副詞を用いることで、ものやこと（名詞）、動作や状態など、様々な説明が加わりより細かく情報を発信できることを学習してきた。本単元では、それらの基本的な資質・能力を土台に、これまではできなかった「複数の人やものを比較してその優劣や差異を描写する資質・能力」を養うことを目指す。

(2) 単元目標

・何かと何かを比べて、考えや意見を言うことができる。

（知識・技能）、（思考・判断・表現）

・メールの内容を理解し、返事を書くことができる。　　（主体的に学習に取り組む態度）

(3) 学習ロードマップ

K1	P1	R1
K2	P2	R2
K3	P3	R3

K1：既習の形容詞をリストアップし、意味の確認をする。

K2：比較級、最上級の表す形と意味を理解する。

P1：本文から比較級、最上級を探し出す。

P2：比較級、最上級を用いた本文の内容と意味の確認をする。

R1：比較級、最上級にできる語とできない語を探す。

　　※ Unit 7 では -er, -est 型の比較級、最上級のみを学習するため。

(4) 単元計画

第１時　　　既習の形容詞をリストアップし、意味の確認をする。本文全体の概要把握。

第２、３時　比較級の意味と形を理解し、比較級が用いられた活動を行うことができる。

第４、５時　最上級の意味と形を理解し、最上級が用いられた活動を行うことができる。

第６、７時　as…as〜の意味と形を理解し、as…as〜が用いられた活動を行うことができる。

第８時　　　メールの内容を理解し、返事を書くことができる。

2 実践のポイント…………………………………………………

　-er, -est 型の比較級、最上級、及び as…as～について理解することが、本単元の目標である。これまでは一つの人やもの、事柄について形容詞を用いて様々な描写をすることをしてきたが、本単元より、描写する対象が複数となると、優劣がつく場合、二つの人やもの、事柄については比較級、三つ以上となると最上級を用いるという新たな規則を習得することとなる。また、二つのものに優劣がつかなかったり、差異がなかったりする場合には、as…as～を用いることも同時に学習する。

　比較級、最上級、及び as…as～についての文法的な知識の習得ももちろんだが、一番のポイントは、比較級、最上級、及び as…as～が表す意味、あるいはそれらが用いられる場面などの英語としての概念化の獲得である。日本語では、比較級、最上級、及び as…as～に相当するような表現や語形変化、単数と複数の区別、さらには、同じ複数であっても二つと三つ以上での区別などは存在しない。教科書の本文の読解や活動を通して知識を獲得した後、英語の比較表現の概念化の完成を目指したい。

3 本時の展開(第2時)…………………………………………

(1) 比較級の表現を本文より探す

　第1時で学んだ本文から比較級を抜き出す。

本文から比較級が用いられている文を探し出そう。　　　　　　　　　　　　(P1)

　　It's <u>longer</u> than my solo.

　　Your guitar is <u>louder</u>!

　　Your keyboard is <u>louder</u>!

(2) 比較級の形と表す意味を確認する

比較級の形と表す意味を確認しよう。　　　　　　　　　　　　　　　　　(K2)

　　比較級：①形容詞の原級に -er をつける。

　　　　　　②語尾が e で終わるものには -r だけをつける

　　　　　　③子音字＋y で終わる語は y を i に変えて -er をつける

　　　　　　④短母音と子音字で終わる語は子音字を重ねて -er をつける

　　A is 比較級 + than B　A は B よりも～である。

　生徒を指名して、上記の重要事項を確認し、板書をしてまとめる。

（3）実際に比較級を用いて文章を作ってみる

　ここで生徒に比較級を作った文章を作らせてみる。題材は、授業者（Mr. Kimura）と自分を比較して、3つの文章を作るというもの。比較するテーマを生徒に挙げさせると次のようなものが出た。

- ・身長
- ・体重
- ・お金持ち
- ・声の大きさ
- ・足の速さ

　そして、上記のテーマを述べることのできる形容詞を挙げさせる。生徒は、ひとつのテーマで、それぞれ対になる語までセットにして出すことができた。なお、wonderful, famous などの語を挙げる生徒もいたが、現段階では比較級にすることができないため、ここではリストには加えなかった。このことについては後述する。

- ・身長 tall ⇔ short
- ・体重 heavy ⇔ light
- ・お金持ち rich ⇔ poor
- ・声の大きさ loud ⇔ quiet
- ・足の速さ fast ⇔ slow

　最後に、比較級を用いて生徒が文章を3つ作った。生徒の中には、主語と than の後ろに来る比較対象（説明の例文ではB）を入れ替え、形容詞を対になる語に変えるだけでも同じ内容を表す文となることに気づき、あっという間に3つを完成させる生徒もいた。

- ・Mr. Kimura is taller than I. = I am shorter than Mr. Kimura.
- ・Mr. Kimura is heavier than I. = I am lighter than Mr. Kimura.
- ・Mr. Kimura is richer than I. = I am poorer than Mr. Kimura.

など

（4）-er をつけて比較級を作れる語と作れない語の違いに気づく

　最後に、比較級を作っていくために形容詞を列挙していく中で、生徒があげたものの中で意図的にリストから外した語について触れる。

> wonderful, famous などはリストから外れたが、なぜ外れるのでしょうか。　　　（R1）

　ある生徒は「テーマとしてはそぐわないから」、またある生徒は「対になる語がないから」と内容面での不適合を理由に挙げた。そこであくまでも文法的な制約によって外れること、そして、それは目に見て分かる理由であることを伝えると、「語の長さ」に注目した生徒がいた。その特徴を板書する。

tall / short / heavy / light / rich / poor / loud / quiet / fast / slow
→全て 4 文字か 5 文字で短い。

wonderful, famous
→ 5 文字を越えていて長い。

　実際の理由は文字数ではないが、音節、そして接尾辞によって決まるため、次のような
ルールを生徒に伝え、他に該当する語を列挙させる。

wonderful, famous のように、-ful, -ous で終わる語は、-er をつけても比較級にはでき
ません。では、-ful, -ous で終わる語は他に何があるでしょうか。　　　　　　　　(R1)

-ful：beautiful, useful, helpful…
-ous：dangerous, precious…

など

　こうして -er をつけて比較級にできる語とできない語の 2 つの分類があることが分かり、
生徒にとっては知識の獲得、理解が進んだ後に、また新たな課題を見出すこととなった。

4 授業改善の視点……………………………………………

　本単元では、形容詞の語形変化という生徒にとっては初めての知識を獲得することとなっ
た。形容詞は対になる語で覚えている場合が多く、自分や他者を描写する言語材料としては
まさにうってつけのものであり、生徒も主体的に活動に取り組んだ。

　比較級は 2 つの人やものだけの中で用いられるという基本的な概念さえ獲得できれば、比
較という単元自体の理解はそこまで困難なものではないであろう。次の Unit 8 では、more,
most 型の比較級、最上級を学習し、また、不規則な語形変化をするものも登場する。獲得
すべき知識の量は増えてはいくものの、ますます生徒にとっては自ら描写できるだけの言語
材料を広げることができる。今後も主体的な活動を取り入れ、生徒の知的好奇心を満たすよ
うな授業展開を心がけたい。

［木村　惠］

比較の意味を理解して使用できる力

単元名 ▶ *COLUMBUS 21 English Course 2* (光村図書)
Unit 8　Christmas Concert

1 実践の概要 ···

(1) 資質・能力の概要

　英語の比較表現は、意味もさることながら、形式面で指導すべきポイントが非常に多い。語や音節数によって -er/-est 型、more/most 型であったり、不規則変化型であったりする。そのため、どうしても形式に着目した指導や反復練習が多くなってしまいがちだが、当然、意味もおろそかにできない。形式練習にとどまり、そこに内容的意味や実感を伴わない学習や指導は、効果的な定着に結びつかないためである。比較表現を学ぶことの重要性は、それまでに学習してきた、一つの物事のみを描写する表現に加えて、二つ以上の物事を比較して、英語で表現することができるようになるという点にある。これは、単に英語での表現の幅が広がるということだけではなく、さまざまな物事を、とりわけ主観的に判断したことを言語化することで、生徒のメタ認知能力の向上につながるということも意味している。また、中学で学習する比較の概念や表現は、それ以降に学習する多くの比較表現の基礎になるため、はじめの段階で苦手意識を持たせてしまうことを避けられるよう、丁寧に指導し、確実に身につけさせたい資質・能力である。

(2) 単元目標

・比較表現を使った文の意味や形、使い方を理解する。

　　S + V + O + O の文の意味や形、使い方を理解する。

　　look + 形容詞の文の意味や形、使い方を理解する。　　　　　　　　　（知識・技能）

・物事を比較し、more/most 型の形容詞・副詞を用いて、状況を描写したり意見を述べたりする。

　　授受動詞を用いて状況を説明する。

　　どのような様子に見えるか、伝え合うことができる。　　　　　（思考・表現・判断）

・比較表現の文法や意味を理解して、場面や状況に合わせて自ら適切にコミュニケーションを図ろうとする。　　　　　　　　　　　　　　　　　　　　（主体的に学習に取り組む態度）

(3) 学習ロードマップ

K1	P1	R1
K2	P2	R2
K3	P3	R3

K1：本文や例示から比較表現を抜き出す。

K2：more/most 型の比較表現の形や意味を理解する。

P1：語にあった比較表現を選ぶ。

P2：決まった比較表現を用いて、状況を描写したり意見を述べたりする。

R1：身近な話題について、二つ以上の物事を比較して表現し、クラスで共有する。

(4) 単元計画

第1時　発音練習をしながら、新出単語（動詞を含む）、重要語（句）の意味を理解し、本文（Part 1）の内容を理解する。

第2時　more/most 型の形容詞を用いた比較表現について理解し、状況を説明したり意見を述べたりする。

第3時　発音練習をしながら、新出単語（動詞を含む）、重要語（句）の意味を理解し、本文（Part 2）の内容を理解する。

第4時　S ＋ V ＋ O ＋ O の文の形や意味、使い方を理解する。

第5時　発音練習をしながら、新出単語（動詞を含む）、重要語（句）の意味を理解し、本文（Part 3）の内容を理解する。

第6時　look ＋ 形容詞の意味や形、使い方を理解する。

2 実践のポイント………………………………………………

　more/most 型の形容詞・副詞を用いた比較表現について理解することが、本単元の目標の一つである。-er/-est 型の比較表現については前単元で導入されているが、単元が変わっていても、文法項目においては密接に関連している。そのため、本単元の目標である more/most 型の比較表現の前提として、前単元の -er/-est 型の比較表現を理解していることが極めて重要である。これらの文法項目は関連度が非常に高いため、前単元の内容を理解しているかを確認しながら導入することが望ましい。また、前単元で扱った -er/-est では、形容詞のみを扱うが、more/most 型では、形容詞だけでなく副詞も続けることができることが重要なポイントの一つである。定着すれば、より表現の幅が広がる一方で、学習内容も多いため生徒が混乱に陥らないよう配慮も必要とされる。本単元では、前単元との関連性の高い more/most 型の形容詞から導入し、理解させ、概念化させて身につけさせたい。

　本単元の本文では、more/most 型の形容詞の比較表現がそれぞれ 1 回ずつ使われている。しかし、これだけでは理解、定着、表現には不十分であると考えられるため、既習の形容詞を使った表現を補充し、気づきや理解につなげたい。本単元の指導時数内で -er/-est 型または more/most 型のどちらかに既習の形容詞すべてを分類させることは難しいため、身近な語から導入し、長い時間をかけて確実に定着させたい。

3 本時の展開（第2時）·······························

(1) 比較表現を探す

第1時で学んだ本文から比較表現を抜き出す。

> 本文から比較表現を探し出そう。 (K1)

It's more exciting than basketball.

Yeah, concerts are the most exciting!

生徒がこれまでに学んだ比較表現は、-er/-est 型の形容詞を用いたもののみであるため、これらの例で、more/most 型の比較表現であることに気づいたり、その意味を完全に理解できたりするものは多くない。

(2) 本文以外の比較表現を提示する

> 次の文から比較表現を探し出そう。 (K1)

Russian is more difficult than German.

Chinese is more difficult than English.

German is more difficult than English.

Russian is the most difficult language.

これらの例とともに、「言語の○○ランキング」として国旗、国名と並べて提示する。なお、文を読み推測させるために、例はランダムに、ランキングは上から1位、2位、3位…と提示する。各言語の特徴は、文法的性、冠詞、発音などの観点から、その差が明確になるよう提示する。これらの与えられた情報をもとに、ランキングのタイトルを当てさせるのである。すると、ある生徒は、上記3文に共通する "is more difficult than" に着目し、またある生徒は、前単元で学んだ形容詞 + -er/-est の形が見られないことに気づく。4例が、ランキングの順位を説明していることに気づけば、"difficult" は既習の語彙であり、各文の日本語の意味は理解していることになるので、すべてを丁寧に説明する必要はなく、おのずと「言語の難しさランキング」であることが理解できる。この方法を用いることで、皆が実感をもって文を理解することができ、単に教科書本文を音読するよりも効果的に口頭練習に入ることができる。そして、比較の概念（than：〜よりも、〜と比べて）については前単元で既習のため、これ以降は、more/most 型が用いられる2音節以上の形容詞を扱うことに集中できる。なお、ここでは、本文の意味を理解することではなく、more/most 型の比較表現を理解することが最終的な目標であるため、本文のみにとらわれず、生徒が実感をもって理解できる例を示すことが重要であるという点を強調したい。

(3) 形容詞を2つのグループに分類する

> 形容詞を2つのグループに分けてみよう。　　　　　　　　　　　　　　　　(K2)

　提示した4文を理解したところで、前単元から学習してきた比較表現を振り返る。ここでは、生徒に形容詞を挙げさせ、-er/-est 型の形容詞（long, loud, big, new, tall, large など）と、more/most 型の形容詞（difficult, interesting, exciting, important, popular など）に分けて、各グループの語の長さの差がわかりやすいように板書する。そして、二つのグループにどのような特徴があるかを考えさせる。単語の長さが関係していると気づけば、ここでは十分である。

(4) 比較表現を用いて、自分の意見を述べる

> 比較表現を使ってみよう。　　　　　　　　　　　　　　　　　　　　　　(P2)

　分類する際に出た形容詞を用いて、教科の難しさや面白さ、それぞれが考える重要度などについて自由に意見を述べさせる。すると、「英語は数学より難しいけど、英語のほうが面白い」などといった少々複雑なことを述べようとする。しかし、そこには生徒の実感が伴っているため、より強固な知識として定着することは言うまでもない。

4 授業改善の視点……………………………………………………………

　本単元では、前単元から引き続いて比較表現を扱っているが、その中でも特に more/most 型の形容詞を用いた表現を、どのような場面でどのように扱うかについて取り上げた。本単元の実施は、中学2年生の秋ごろであり、語彙が増えてきた生徒にとって、言いたいことを表現できるようになる重要な機会になるだろう。英語の比較表現は、日本語にもましてさまざまな方法がある。ここでは、今後の比較表現の学習の第一歩として、その概念や基本的な表現を使えるようになることに重点を置いた。比較を一つ（ここでは二つにまたがって）の単元を通して扱うことは、以降の中学の教科書では、ない。高校では、より複雑で多様な比較表現を学ぶことになるため、他の単元でも、折を見て比較表現を取り入れ、既習の表現だけでなく、必要に応じて未習事項を導入し、さらなる定着や生徒の興味・関心の高まりを期待したい。今回は、主に4例文を用いて more/most 型の比較表現を扱うにとどまったが、-er/-est 型も既習であるため、easier や the easiest も復習として取り入れることが改善点として挙げられる。いずれにせよ、ここで述べてきたように、これまでに獲得した知識を用いて新出の文法を理解することは、すでに獲得した知識をより強固なものにし、さらに新出事項との関連性を持たせることで、確実な習得につながるはずである。

［飯岡真由子］

接続詞を理解して使用する力

単元名 ▶ *COLUMBUS 21 English Course 2* (光村図書)
Unit 9　Goodbye, Min-ho

1 実践の概要 ……………………………………………………

(1) 資質・能力の概要

　Unit 9, Part 2 では接続詞の if を学習する。生徒はすでに Unit 2 で when を、Unit 5 で because を学習したが、接続詞は生徒にとって理解しやすく使いやすい品詞であり、それほど間違えることはない学習内容であろうと教師も生徒も考えがちである。ところが、英語の接続詞を日本語の接続詞と同じであると考えるためか、意味を取り違えるなど、生徒の間違いは多い。学力がそれほど高くない生徒が間違えるだけと思いきや、中堅の生徒あるいはそれ以上のレベルの生徒でも同様に間違える傾向にあるようだ。生徒が接続詞について理解して正しく使えれば、英語を理解したり、接続詞を使って自分の伝えたいことを英語で表現したりする上で役に立つため、身につけさせたい資質・能力である。

(2) 単元目標

・日本語と英語の違いを意識しながら、接続詞について理解する。　　　　　　（知識・技能）

・接続詞を用いて、現在・過去の習慣・状態を英語で表現する。　　　（思考・判断・表現）

・接続詞について理解して、場面や状況に合わせて自ら適切にコミュニケーションを図ろうとする。　　　　　　　　　　　　　　　　　　　　　（主体的に学習に取り組む態度）

(3) 学習ロードマップ

K1	P1	R1
K2	P2	R2
K3	P3	R3

K1：if 以外の接続詞を挙げる。

K2：日英両言語間の接続詞の違いについて理解する。

P1：場面や状況に合わせた接続詞を考える。

P2：接続詞を含む文を用いる。

R1：接続詞を使って、ほかの生徒と情報を共有する。

(4) 単元計画

第1時　　　受け身の意味と使用方法について理解して使用する。

第2時　　　if とそれ以外の接続詞について理解して使用する。

第3〜6時　発音練習をしながら、重要語（句）の意味や本文（Part 1 〜 3）の内容を理解する。

2 実践のポイント..

　日本語と比較対照しながら英語の接続詞について理解することが、本単元の目標である。接続詞自体は生徒にとって理解しやすい文法事項であると考えられるが、日本語と英語とでは異なる部分があり、そのことに気づいていない生徒が多いと思われる。まずは、日本語と英語の違いに注目させながら、接続詞について理解させる。その上で、接続詞を含む文を日本語にきちんと訳せるだけでなく、接続詞を用いて文を作れるように指導する。

3 本時の展開(第2時)..

(1) 接続詞とは何かを知る

接続詞とは何かわかりますか。　　　　　　　　　　　　　　　　　　　　　　(K1)

　まず、この質問を生徒にしてみる。すぐに答えられる生徒もいるだろうが、多くの場合、すぐには答えられないものである。そこで、「接続」という言葉に注目させながら、「接続詞」は「接続する言葉」と言い換えて、次の質問をする。

「接続」ということはどういうことでしょうか。　　　　　　　　　　　　　　(K1)

　「接続」は生徒にとって難しい言葉ではないので、すぐに「形容詞と形容詞を接続する」あるいは「名詞と名詞を接続する」と発言する。品詞については普段から生徒が理解できるように教えているので、動詞や形容詞などの言葉が自然と出てくるが、教えていない場合は具体的な言葉が出てくることが予想される。上記の生徒の発言を受けて、「形容詞や名詞、動詞などをまとめて何と言いますか。」と問う。「単語です。」と生徒は答える。「単語と単語をつなげる言葉、それが接続詞なんですね」と言った後で、「単語以外に何をつなげますか。」と聞く。予想に反してこの質問に答えられないので、You can stay with us if you come to Korea. を示す。接続詞の前後に注意を向けさせて、次の質問をする。

接続詞の前後を見て、何か気づきませんか。　　　　　　　　　　　　　　　　(K1)

　そう言って、動詞に下線を引いて、「これは何ですか」と問う。意味を答える生徒もいるが、「動詞」という発言が出たら、「その前にあるのは何ですか」と聞いて、生徒は「主語です。」と答える。「主語と動詞が入っているものを何と言いますか」と言えば「文です。」と答える。「文」が出てこない場合は「漢字1文字で何と言いますか」と尋ねれば、生徒は答えを一生懸命考えてから発言する。

(2) if 以外の接続詞を挙げる

> 単語と単語あるいは文と文をつなげる言葉が接続詞です。　　　　　　（K1）
> if 以外にどんな接続詞があるのか考えてみましょう。

　1学期と2学期にそれぞれ1つずつ教科書に出てきてすでに習っていることを伝えると、when や because に気づいて発言する生徒もいる。生徒がよく知っているということを伝えてヒントを出していけば、and が出てくる。そこから but や so などが出てくるように導いていく。after や before も出てくればよいのだが、そうでない場合は、小テストを配りながら、両者も接続詞であることを教える。

(3) 小テストの問題を解きながら接続詞について考える

> 次の文を日本語に訳してみよう。　　　　　　　　　　　　　　　　（K2）

常識にとらわれずに文をよく見るようにと生徒の注意を喚起する。

(1) Taro washed his hands and ate breakfast.

(2) Taro washed his hands before he ate breakfast.

(3) Taro washed his hands after he ate breakfast.

(4) Kate washed her hands, so she ate breakfast.

(5) We like Mr. White because he is wonderful.

　机間巡視をしながら、生徒の解答を見ていくと、注意喚起をしたにも拘らず、生徒は間違えてしまう。and が訳せなかったり、時制が違っていたりと、様々な間違いがあるものの、ここで注目すべき間違いは「先生、手を洗う前に、ごはんを食べちゃだめじゃないですか。」である。

(4) 日英両言語間の接続詞の差異について考える

　生徒の多くは（2）の文を「太郎は手を洗う前に、朝ごはんを食べた。」と訳してしまうので、次の問いを投げかける。

> 「太郎は手を洗う前に、朝ごはんを食べた。」は間違いです。それはなぜですか。（K2）

　戸惑う生徒が多い中で、（3）の文を「太郎は手を洗ってから［洗った後で］、朝ごはんを食べた。」と訳してはいけないと伝えると、勘のいい生徒は「前から訳してはいけないのでは」と気づき始める。そこで、次のように導く。

> 上の5文を2つのグループに分けよう。　　　　　　　　　　　　　　（K2）

(1) Taro washed his hands and ate breakfast.

(4) Kate washed her hands, so she ate breakfast.

(5) We like Mr. White because he is wonderful.

----

(2) Taro washed his hands before he ate breakfast.

(3) Taro washed his hands after he ate breakfast.

(5) We like Mr. White because he is wonderful.

　生徒は間違えながらも上のように分類する。(5) に関しては、正解の生徒もいれば、そうでない生徒もいる。前からも後ろからも訳せることを伝えて、両方の訳を書くように指示する。正確に訳せる生徒はそれほど多くないため、ヒントを出して間違いを修正しつつ、答えを確認していく。

　ここで、(2)、(3) の文について、次の質問をする。

> そもそも、(2)、(3) の訳の間違いが多いのはなぜでしょうか。　　　　　　　　(K2)

　このように聞かれても生徒が答えるのはなかなか難しいので、実際に間違えて訳した生徒を指名して次のように聞いてみる。

> (2) の文をどうやって訳していきましたか。順を追って説明してみましょう。　(K2)

　指名された生徒は、前から順番に訳していって接続詞があったので文末にそのまま付けたと答える。

> 文と文の境界線はどこですか。　　　　　　　　　　　　　　　　　　　　　(K2)

　コンマがあれば間違えることはほとんどないが、コンマがなければ多くの生徒が before と he の間を指さす。ここが日本語と英語の違いであると指摘して、両言語では接続詞を置く場所が異なることも付言する。

(5) 接続詞を使って、英文を作る

　時間的な制約もあるため、生徒には接続詞を使って普段していることを英語で表現するように指示する。文を作っていく中で、上記で指摘した間違いを生徒がいるため、それを修正する。作成終了の生徒は指名されて自分で作った文を発表してクラス全体で共有する。

4 授業改善の視点……………………………………………

　本単元では接続詞について生徒の間違えやすい箇所を中心に学習した。接続詞は生徒の学力に関係なく間違いが多く、本時でもやはり誤りは見受けられたため、接続詞について理解することは大切である。英作文を通じて、その理解をさらに深めていく予定であったが、時間的な制約もあり、その活動は充分ではなかった。この後の展開では本文の内容理解で時間を捻出することは可能なので、その時間を利用して、接続詞についてより深く理解させたい。　［近藤　崇］

育てる 資質・能力

受動態の意味と使われる状況を理解し、それらを用いて情報収集および伝達をする力

実施学年 **3年**

単元名 ▶ COLUMBUS 21 English Course 3（光村図書）
Unit 1　Video Letter from Min-ho

1 実践の概要

(1) 資質・能力の概要

　受動態を正しく使える力は自然な英語のコミュニケーションにおいて非常に重要である。英語ネイティブの間では能動態が最も簡潔な形として好んで使用されるが、主に以下の限られた条件下では受動態が効果的に機能する。①「行為者を言う必要がない」、②「行為者が分からない」、③「行為を行った側でなく行為を受けた側に焦点を当てたい」、④「行為者を言いたくない」、の４つである。しかし、日本の生徒はこれらの状況でなくても不自然に受動態を使用する傾向がある。最も大きな原因は能動態から受動態への書き換え問題の反復練習を中心に行う英語指導である。受動態の形式操作の仕方は習うが、どのような場面でそれを使うべきかについてはあまり時間をかけて教わらないからだ。そのため、日本語をベースに考えて、「〜されている」と表現したい時にはいつでも受動態を使おうと試みる。これを防ぐために、特に受動態指導の際にはコンテクストの中での指導を重視し、どうやって受動態を作るかだけでなく、なぜ、いつ受動態を作るかを理解させることを重視する。

(2) 単元目標

・受動態の意味を理解し、その形式的操作を行うことができる。　　　　　　　（知識・技能）
・受動態を使う状況を理解し、適切に使用することができる。　　　　　（思考・判断・表現）
・make＋O＋Cの意味を理解し、その形式的操作を行うことができる。　　　（知識・技能）
・make＋O＋Cを適切に使用して、自分や他人を特定の気分にさせるものについて表現できる。　　　　　　　　　　　　　　　　　　　　　　　　　　　　　（思考・判断・表現）
・場面や状況に合わせて自ら適切に英語を使用してコミュニケーションを図ろうとする。
　　　　　　　　　　　　　　　　　　　　　　　　　　　（主体的に学習に取り組む態度）

(3) 学習ロードマップ

K1	P1	R1
K2	P2	R2
K3	P3	R3

K1：教師による文法事項の導入、タスク事前指導
K2：タスク１後の受動態の文法指導
K3：受動態を使うタスクへの取り組み（タスク１）
P2：タスク２後の教師の指導で受動態の理解確認

P3：文法指導によって概念的知識を得た状態で改めて類似タスクに取り組む（タスク2）

(4) 単元計画

第1時	Pre-reading 活動、単元全体の本文リスニングと概要理解
第2時	Part 1の文法項目（受動態）導入、タスク、文法説明、練習
第3時	Part 1本文理解とリーディング活動
第4時	Part 2の文法項目（make＋O＋C）導入、タスク、文法説明、練習
第5時	Part 2本文理解とリーディング活動
第6時	Part 3本文理解とリーディング活動

2 実践のポイント……………………………………………………

　最初に受動態の意味とルールを日本語で提示することは簡単だがそれはしない。最初に教師の英語での導入会話を聞いて受動態の意味と使われる状況を予測させる。それから、教師のタスク前のデモンストレーションを見た後に、使用すべき文法を指定せずにタスクに取り組ませる。こうすることで、生徒の意識は文法形式にではなく、意味の伝達（タスクの達成）の方に向くので、失敗を恐れずに今まで得た英語の知識をフルに使って、積極的にタスクを完遂しようとする。その経験をさせることで、生徒に「どう言えばよかったのか？」と疑問を持たせ、その後の文法ルールの説明において積極的な姿勢で習得に臨むように促す。よって、本案では K1→ K3→ K2という順序で進める。生徒は、導入とタスクの経験で得た自分の漠然とした気づきや推測を、教師の明示的な文法指導によって、明確な概念的知識へと変えることができる。そしてさらに、類似のタスク（タスク2）にパートナーを変えて取り組むことで、獲得した概念的知識は経験を通して手続き的知識へと近づけられる。

3 本時の展開(第2時)………………………………………………

(1) オーラルイントロダクションから受動態の形と意味への気づきと推測を促す

　男子生徒2人（ST1＆ ST2）を指名して前に来てもらう。

T：*Let's say you guys are playing tag in the classroom. Then, one of you, ST1, accidentally hit the vase and broke it. But ST1 went home. ST2, what do you say to your teacher?*

　黒板に、生徒が花瓶を割ってしまった絵を描く。

T：*You may have two choices to say to your teacher.*

　　1．ST1 broke the vase.

　　2．The vase was broken.

　　1．と2．の英文を書いたカードを黒板に貼る。

ST2：*I say No.1,"ST1 broke the vase."*

T：*Why?*

ST2：*Because I didn't break it.*

1. のカードを黒板に書いた花瓶を割ってしまった生徒の絵の下に貼り、絵の周りを赤いチョークで囲んで、1. の英語が花瓶を割ってしまった生徒にフォーカスを当てていることを視覚的に理解させる。

T：*Then, who chose No.2?*

ST3：*I would say No.2, "The vase was broken."*

T：*Why?*

ST3：*Because I don't want to tell the teacher about my friend's mistake.*

2. のカードを黒板に描いた割れた花瓶の絵の下に貼り、絵の周りを赤いチョークで囲んで、2. の英語が割れた花瓶にフォーカスを当てていることを視覚的に理解させる。

次に、教師からの質問によって答え方が変わることを気付かせる。

T：*Now, what do you say when your teacher ask you these questions?*

A. *What's the matter?*

B. *Who broke it?*

A. と B. の英文を書いたカードを黒板に貼り、それぞれの質問に対して先ほどの1. か2. のどちらを使って答えるか考えさせる。

A. と1. 2.、B. と1. をチョークの線で結び、次の応答のパターンがあることを教える。

A. What's the matter? → 1. 2. 両方で返答可能

B. Who broke it?　　→　1. で返答

これによって、生徒は「話し手が何を伝えたいか」、「聞き手が何を知りたいか」で態を変える必要があり、行為者を言いたくない場合は受動態が有効であることを感じさせる。

(2) モデル活動を参考にペアーでタスクに取り組む（タスク1）

ペアを作らせて、一方に Sheet A（昨日昼の部屋の様子を描いた絵）、他方に Sheet B（空き巣が入った後の今日の部屋の様子を描いた絵）を配布し、お互いに見せ合わずに、部屋の様子を英語で表現しあって、空き巣が入った前後で部屋がどう変わったか話し合わせる。タスクの事前指導として、教師（Sheet A）と生徒（Sheet B）でデモンストレーションを行う。

ST4：*Someone broke the vase.*

T：*Is the vase broken today? It was not broken yesterday.*

ST4：*How about the window? The window is broken, too.*

T：*The window was not broken yesterday. So someone broke the window, too.*

ST4：*Someone ate half of the cake.*

T：*Is half of the cake eaten today? It was eaten yesterday. So someone didn't eat it last night.*

デモンストレーションを見た後、それを参考に生徒同士がペアを組んでタスクに取り組む。使用する文法は特に指定せず、英語で異なる情報を交換し合って違いを見つけ出すことに重点を置かせる。こうすることによって、タスクは言語使用が目的ではなく、問題解決が目的となり、生徒は今持っている知識を総動員して、英語でタスクを完遂しようと主体的に取り組もうとする。話し合いの最中に教師は机間巡視を行い、生徒がタスク中に使用する英語の

特徴をよく観察しておく。

(3) 発表と文法指導：生徒の意識を意味伝達から形式へと向ける

　ペアでの話合いが終わった後、どのような違いが発見できたか数組に発表させる。そして、オーラルイントロダクションの内容、生徒の発表の内容、机間巡視中に観察した生徒の使用英語を元に、受動態の文法指導を行う。ここでは、細かい説明が必要となるため日本語も使用する。オーラルイントロダクションでは「行為者を言いたくない」、タスク１では「行為者が分からない」という状況なので、受動態は効果的に機能することを教える。また、その他の受動態が効果的に機能する状況と基本的な操作方法を指導する。

(4) 形式への理解を深める活動

　ワークシートで受動態の形と操作を練習する。それぞれの文で何故受動態を使うのかを考えさせながら練習させる。

1．That TV＿＿＿＿＿＿＿＿＿＿．　（壊れている）
　否定文に　＿＿＿＿＿＿＿＿＿＿＿＿＿＿＿＿＿＿＿＿＿＿＿＿＿

2．A mysterious letter＿＿＿＿＿＿＿＿＿to me yesterday.　（送られた）
　否定文に　＿＿＿＿＿＿＿＿＿＿＿＿＿＿＿＿＿＿＿＿＿＿＿＿＿

3．This eraser＿＿＿＿＿＿＿＿＿in China.　（作られている）
　疑問文に　＿＿＿＿＿＿＿＿＿＿＿＿＿＿＿＿＿＿＿＿＿＿＿＿＿

4．Many people＿＿＿＿＿＿＿＿＿in the war.　（殺された）
　疑問文に　＿＿＿＿＿＿＿＿＿＿＿＿＿＿＿＿＿＿＿＿＿＿＿＿＿

(5) 受動態の文法指導による概念的知識獲得後、タスク１と類似のタスク２（昨年のパーティーと今年のパーティーの違いを明らかにするタスク）に取り組む

　タスク１と同様の方法で行うが、パートナーと教材を変えることで、タスク１で得た知識と経験を類似の状況に転移させるよう促す。ここでも使用すべき文法形式は指定しないが、文法指導の直後のため、生徒は自然と目標文法を使用しようとする。このような文法指導を挟んでのタスクの繰り返しは、生徒の英語アウトプットへの心理的ハードルを下げることで流暢さの向上をもたらすだけでなく、正確さと複雑さの向上も促す。タスク１と同様、タスク後に数組の発表を行い、生徒の英語で気づいた点についても指導する。

4 授業改善の視点……………………………………………

　受動態の使われる自然な状況を理解させ、そのような状況で適切にアウトプットすることに重点を置いたことで、受動態の形式面での指導に割く時間が足りていない。そのため、受動態をいつ、なぜ使うのかはよく理解できたようだが、疑問文の時や過去時制の時にどのような形になるのかについては、まだ正確に理解できていない生徒が多かった。生徒の到達度にもよるが、もう少し形式面での指導を授業に組み込む必要があるのかもしれない。

［近藤真介］

現在完了形の意味を理解する力

単元名▶ *COLUMBUS 21 English Course 3*(光村図書)
Unit 2　How Do They See Japan?

1 実践の概要……………………………………………………

(1) 資質・能力の概要

　現在完了形という概念は生徒にとっては非常に理解しにくい。なぜならば我々日本人は、現在、過去、未来に関しては感覚で理解しているが、「過去から現在まで」の視点で考えるという基本概念に関しては、普段なんとなく使用しているにすぎないからである。それ故、生徒達に「現在完了形は現在形の仲間か、それとも過去形の仲間か」という質問をぶつけると、半数は「過去形の仲間」と答える。それは我々日本人が、現在完了形という概念を「してしまった、したことがある、(ずっと) 〜している」という日本語に当てはめて説明せざるを得ないという現状に端を発している。授業を通して、生徒達に少しでも現在完了形の持つ正しい感覚を身に付けさせたいと思う。

(2) 単元目標

・現在完了形の完了・結果、継続の意味を理解する。　　　　　　　　　　　　(知識・技能)

・現在完了形を用いて、普段していることを表現する。　　　　　　　(思考・判断・表現)

・現在完了形とは、過去が現在まで影響を与えている場合に用いることを理解して、場面や状況に合わせて自ら適切にコミュニケーションを図ろうとする。(主体的に学習に取り組む態度)

(3) 学習ロードマップ

K1	P1	R1
K2	P2	R2
K3	P3	R3

K1：本文から現在完了形を抜き出す。

K2：本文中の現在完了形が意味することを理解する。

P1：場面や状況に合わせて現在完了形を用いて英文を作成する。

P2：現在完了形を用いて、普段していることを表現する

R1：現在完了形の本当の意味を感覚的に身に付ける。

(4) 単元計画

第1時　　現在完了形の基本文型を理解し、基本例文(完了・結果、継続)を英語から日本語に直すことができるようにする。

第2時　　現在完了形の基本文型を理解し、基本例文(完了・結果、継続)を日本語から英語に直すことができるようにする。

第3、4時　新出単語の理解暗記、本文中の現在完了形（継続）の理解、全文和訳及び日本語から英語への変換。

第5、6時　新出単語の理解暗記、本文中の現在完了形（完了・結果）の理解、全文和訳及び日本語から英語への変換。

2 実践のポイント……………………………………………………

　現在完了形の基本文型を生徒達にまず理解させ、暗記させる。また、それぞれの意味によって使われるキーワード（already, yet なら『完了』、for（〜間）、since（〜以来）なら『継続』）の基本パターンに慣れさせる。その上で状況や場面に応じて現在完了形の文を作成できるようにしたい。最初は、「〜してしまった」「（ずっと）〜している」という日本語からのアプローチになることは避けられないが、徐々に現在完了形とは「過去が現在まで影響を及ぼしている状況」について述べる文であることを生徒達に理解させ、実際にそれを意識した英文作成能力を身に付けさせたい。そして最終的には、ネイティブスピーカーは現在完了形を使う際に、「完了・結果」「経験」「継続」といったに分類を意識せず、全てを同一の感覚で捉えているということを意識させたいと考える。

3 本時の展開(第3時)……………………………………………

(1) 現在完了形の英文を探す。第1、2時で学んだ本文から have + P.P 形を用いた英文を抜き出す

本文から have + P.P 形を探し出そう。 (K1)

　Others <u>have lived</u> here <u>for</u> a long time.

　<u>How long</u> have you been in Japan?

　— I <u>have been</u> here <u>since</u> last January.

　I <u>have just come back</u> from a trip to Kamikochi in Nagano.

　I <u>have already seen</u> that movie.

(2) 上記の2つの英文におけるそれぞれの have + P.P 形はどのように違うか考えさせる

「継続」と「完了・結果」ではそれぞれの意味はどう違うか。 (K2)

　生徒からは、前者は「（ずっと）〜している」状態を示し、後者は「〜したところだ、〜してしまった」という動作の完了を表すという回答が期待される。それをキーワードとともに列挙することで、パターン化を図る。

> （例）I have lived in Kawagoe <u>for three years</u>.
>
> I have lived in Kawagoe <u>since 1978</u>.
>
> <u>How long</u> have you lived in Kawagoe?
>
> He has <u>already</u> finished his report.
>
> He has <u>just</u> finished his report.
>
> Has he finished his report <u>yet</u>?
>
> He has <u>not</u> finished his report <u>yet</u>.

　現在完了形の文は、それぞれのキーワードに応じて意味が決まってくるという基本パターンを生徒達に暗記させ、パターン化することでクイック・レスポンスに応用させる。

（3）現在完了形を場面や状況に応じて用いる

　本文の内容に関して、Comprehension Questions に答えさせる。

> （例）（A）How long has Ling been in Japan?
>
> 　　　　　― She has been in Japan since last January.
>
> 　　　（B）Where has Steven been?
>
> 　　　　　― He has been to Nagano.
>
> 　　　　　He has just come back from a trip to Kamikochi in Nagano.

　上記のパターンにおいて、（A）のパターンは比較的容易に生徒達も理解できるが、（B）のパターンにおいては、have been to〜には「①〜へ行ったことがある、②〜へ行ってきたところだ」の2つの意味が存在することをあらかじめ提示しておく必要がある。またWhere has Steven been? という質問文が「完了」なのか「継続」なのかは微妙であり、「〜してしまった、（ずっと）〜している」という日本語からのアプローチの限界と曖昧さを露呈することになる。

（4）現在完了形を用いて自分が好きなことやしたいことを表現する

　ワークシートを利用して、自分の住んでいる場所などについて英文で考えさせて、書かせる。その後、ペアワーク、グループワークを通して他の生徒の情報を収集し、その後でそれを利用して英文を作成させる。

> （例1）I <u>have lived in Tokyo for ten years</u>.
>
> 　　Q: Where do you live? How long have you lived there?
>
> | Mr. Koizumi | Chiba | twelve years |
> |---|---|---|
> | Mr. Hara | Saitama | ten years |
> | Mr. Koizumi has lived in Chiba for twelve years. | | |
> | Mr. Hara has lived in Saitama for ten years. | | |

（例2）I <u>have already finished my homework.</u>
Q: Have you finished your homework yet?

Mr. Tanaka	○
Mr. Eguchi	×
Mr. Tanaka has already finished his homework.	
Mr. Eguchi has not finished his homework yet.	

　例1は、過去にその場所に住み始めてから現在までその状況が「ずっと継続」している状況をあらわしたものである。例2は、過去において始めた宿題が現在において「完了」したことを示している。ここで難しいのは、例2における基本概念の説明である。我々は普段、「〜してしまった、〜したところだ」という日本語を用いる時、様々な状況に応じて使い分けており、いちいち「過去から現在まで影響を及ぼしている状況」などを意識してはいない。それはネイティブ・スピーカーに関しても同様であり、状況に応じて「完了・結果」「経験」「継続」を意識し、使い分けたりはしていない。あくまでもそれぞれの言語に対する感覚なのであって、我々日本人がその感覚を身に付けるには訓練が必要である。すなわち、日本語に関する学習もまだ発達段階にある中学生に対して、ネイティブ・スピーカーのような感覚を身に付けさせようとすること自体に自ずと限界が生じるのは自明の理である。

4 授業改善の視点……………………………………………………

　現在完了形は、中学3年の英語学習における重要文法事項の1つだが、基本構文はもちろん、キーワードやそれに伴う意味を確実に暗記させたい。「英語＝暗記ではない」というのが昨今の流れだが、最低限の知識の習得なしにこの奥深い内容を理解することは不可能である。今はまだネイティブ・スピーカーの感覚を身に付けられなくとも良しとしたい。時間をかけて習得する内容である。現在完了形のもつ「過去から現在まで継続する状況を表す」という感覚を身に付けることは非常に重要な意味を持つが、先ほど述べたように、日本語と英語の相違点が障壁になる場合が多い。

　完了形という概念は、高校に入っても生徒達を悩ませる。過去完了形の示す「過去の過去とは何か」に端を発して、助動詞 + 完了形や仮定法過去完了形に至るまで、その複雑さは枚挙にいとまがない。しかし、完了形とは「ある時点からある時点までの時間の幅」を示すという感覚は、英語でコミュニケーションを図るときはもちろん、エッセイを書いたり、TOEIC, TOEFL, IELTS 等を受験する時に不可欠である。

［野本孝英］

情報を説明する力

単元名 ▶ *COLUMBUS 21 English Course 3*(光村図書)
Unit 3　Our School Trip

1 実践の概要……………………………………………………

(1) 資質・能力の概要

　現在完了形は多くの生徒にとって苦手とする分野である。現在、過去、未来に関しては日常我々日本人も用いる概念であり理解できるが、現在完了は単なる「現在」でも「過去」でもない。生徒には、現在完了は、「過去を視野に入れながら、現在について語る」形であり、「現在」どうなっているかが問題であることを理解させることが第一である。また、現在完了形と過去を表す語は一緒に使われないと指導するが、この点はまさしく現在完了の重点が「いつその出来事が起きたか」ではなく、「その出来事が現在にどう影響しているか」について述べており、過去に焦点があるのではないことからも明白である。このことが現在完了を運用する上での基本的概念として捉えさせたい資質・能力である。

(2) 単元目標

・現在完了形の「経験」の意味を理解する。　　　　　　　　　　　　　　　　　（知識・技能）

・現在完了形を用いて、ある行為の現在までの有無や回数を伝える（尋ねる）ことを表現する。

　　　　　　　　　　　　　　　　　　　　　　　　　　　　　　　　　（思考・判断・表現）

・現在完了形とは、過去に始まったことが「今」に何らかの影響を強く及ぼしているという
　意識を持ち、自ら適切にコミュニケーションを図る。　　（主体的に学習に取り組む態度）

(3) 学習ロードマップ

K1	P1	R1
K2	P2	R2
K3	P3	R3

K1：本文から現在完了形を抜き出す。
K2：本文中の現在完了形が意味することを理解する。
P1：自分が経験したことについて人にすすめる英文を現在完了形を用いて作成する。
P2：現在完了形を用いて、経験を表現する。
R1：現在完了形の役割を感覚から身に付ける。

(4) 単元計画

第1時　　　現在完了形の基本文型を理解し、基本例文（経験）を英語から日本語に直すことができるようにする。

第2時	現在完了形の基本文型を理解し、基本例文（経験）を日本語から英語に直すことができるようにする。
第3、4時	新出単語の理解、本文中の現在完了形（経験）の理解、テキスト本文日本語訳及び日本語から英語への変換。
第5、6時	新出単語の理解暗記、本文中の現在完了形（経験）の理解、テキスト本文日本語訳及び日本語から英語への変換。

2 実践のポイント··

　Unit 2で扱った現在完了形の基本文型を、文中に表れた語句（already（すでに），yet（もう）なら『完了』、for（〜間），since（〜以来）なら『継続』）の基本パターンを踏まえた上で、『経験』を表す ever（今まで），never（今まで〜ない）等を用いて現在完了形の文を作成できるようにしたい。現在完了形とは「過去」とのつながりを意識しながら、「現在」を語っていることを反復して生徒達に理解させ、その概念に基づいた英文作成能力を身に付けさせたい。現在完了形の分類は、副詞や副詞句に注目して行われるのであって、現在完了自体の意味が分かれるのではないことも、重要な概念である。

3 本時の展開(第3時)··

(1) 現在完了形の英文を探す。第1、2時で学んだテキスト本文から "have ＋ P.P." を用いた英文を抜き出す

本文から現在完了形を探し出そう。	(K1)

　Have you ever been to a temple in Kyoto?
　I've never seen him like this!

(2) 上記の2つの英文におけるそれぞれの "have ＋ P.P." は Unit 2で学習した "have ＋ P.P." とどのように違うか考えさせる

「経験」と「継続・完了・結果」では意味はどう違うか。	(K2)

　生徒からは、既習の「（ずっと）〜している」、「〜したところだ、〜してしまった」という意味のほかに、「今まで」、「今まで〜ない」という回答が期待される。その文中に表れたキーワードとともに考えることで、意味の区別を行う。ただし、ever を（いままでに）という日本語訳のみで指導すると、＊I have ever been to London twice. のような誤った英文を作る生徒が出てくる危惧がある。この不自然な英文では、ever を at any time（どの時点をとっても／いつのことでもかまわないけれども／いかなる時においても）という定義で働い

ていることを気づかせるとよい。同様に否定語の never は ever に not（否定）が加わった語であり、「一度も〜ない」が理解できよう。

How long have you lived in Kawagoe?

I have lived in Kawagoe for three years.

She has already finished his homework.

Has she finished her homework yet?

She has not finished her homework yet.

Have you ever been to London?

I have never been to London,.

　現在完了形の「経験」の文は、「過去に〜したことがあり、今そのようなことを経験済みである」ことを表すという基本概念を身につけさせ、表現力に生かしたい。

(3) 自分が経験したことについて人にすすめる英文を現在完了形を用いて作成する

１．次のスピーチ原稿を読んで、①すすめているもの、②いつ・どんなことをしたか、にあたる部分を見つけよう。

Hello, everyone. ① I'd like to tell you about my favorite place.

Please look at this picture. Do you know the name of this bridge? It's called ① the "Kintai-kyo." Have you ever seen it? ② Last spring I had a chance to travel around Yamaguchi with my family. ② There I saw the bridge for the first time. It's made of wood in the traditional way. It was really beautiful with lots of cherry blossoms.

I had a good time in Yamaguchi. If you haven't been to Yamaguchi, ① why don't you go someday and see the bridge?

Thank you.

２．上のスピーチ原稿と指摘した部分を参考に、自分の経験をもとにおすすめを紹介するスピーチ原稿を書いてみよう。

→「すすめているもの」はどのような表現が「すすめる」文にあたるか、「どこで」「何を」は動詞に注目させる。

　自分の経験は、原稿を参考に「どこに行ったか」「そこで何をしたか」「さらに詳しい説明」「その感想」「他の人にすすめること」の順で書かせる。

(4) 現在完了形を用いて「経験」「継続」「完了」を表現する

　現在完了形の３つの用法、A「経験」用法、B「継続」用法、C「完了」用法を使って、与えられた語句や自分で考えた語句を用いてそれぞれの行動が述べる英文を作成させる。

（A）I have climbed Mt. Fuji once.

Mr. Aoki	eat turkey	twice
Mr. Ito	meet a famous singer	before
⇒ Mr. Aoki has eaten turkey twice.		
⇒ Mr. Ito has met a famous singer before.		

（B）I have been busy since last Monday.

Yuko	have a cold	five days
Masao	know Yuka	ten years
⇒ Yuko has had a cold for five days.		
⇒ Masao has known Yuka for ten years.		

（C）I have already done my homework.

The train	go	
Yumi	finish lunch	
⇒ The train has just gone.		
⇒ Yumi has already finished lunch.		

　この活動は、過去分詞になる動詞の意味や現在完了形とともによく使われる副詞（句）によってそれぞれの解釈が異なるという基本概念を意識させつつ行わせたい。Ａは、「過去にその行為をしたことがあってそのことを経験済み」という「経験」を表し、Ｂは、過去においてはじめた事柄が「その期間、その時から、今に至るまでずっと」を表す「継続」を表現したものである。Ｃは、過去において始めた事柄が「今はもう完了」したことを示している。現在完了の根本にある「今」という視点に立って考えるように指導したい。

4 授業改善の視点……………………………………………

　現在完了形の　「経験」を表す現在完了形の応答において、よく見かける誤りに対する注意点として、been　を使って「〜に行ったことがある」と具体的に場所を書くときは have been to〜とするが、「そこに行ったことがない」と書くときには have never been there と there を使うので to が不要になることに注意させることが必要である。

　現在完了形は、過去にした行為や経験を現在も持っている（have）ということを表す際に用いられるので、「現在」に意識が置かれるため、yesterday、last year、three years ago、When〜?のような「現在の事実とは時間的に切れている」過去の時点を表す副詞（句）とは一緒に使われないという理解につなげて理解させることも、現在完了形の指導においては欠かせないことであろう。

[森　雅彦]

情報を描写する力

単元名 ▶ *COLUMBUS 21 English Course 3*(光村図書)
Unit 4　A Guest from Cambodia

1 実践の概要 ……………………………………………………………

(1) 資質・能力の概要

　現在分詞、過去分詞の後置修飾を扱う分野であるが、生徒たちにとっては現在分詞、過去分詞とはどのようなものであるかについての理解が大切である。分詞というのは、いわゆる準動詞といわれるもののひとつであり、英語表現の幅を広げるためには欠かせない言語材料である。生徒は現在分詞を使った表現では、中学1年次に進行形で扱っているが、この進行形で用いたイメージが現在分詞につながり、「〜している」という目前の動き、未完結、一時的継続、能動などのニュアンスとなる。また、過去分詞では、中学2年次に受動態、3年次に現在完了形で学んでいる。ここでも過去分詞の持つイメージは完了や受動のニュアンスを持つことになる。この区別を理解する感覚を身につけさせることが大切である。また、分詞は動詞の働き＋形容詞の働きを持つが、ここでは分詞を用いた後置修飾を扱う範囲である。生徒は日本語では修飾語句は名詞の前に置いて修飾することを感覚的に持っているが、英語は修飾語句を名詞の後ろに置いて修飾する特性を持つことを認識させることが必要である。このことが分詞の後置修飾を運用させる基本的概念として捉えさせたい資質・能力である。

(2) 単元目標

・現在分詞、過去分詞の意味を理解する。　　　　　　　　　　　　　　　　（知識・技能）

・現在分詞、過去分詞を用いて、分詞1語で名詞を修飾する場合と、まとまりのある語句として修飾する役割を意識して表現する。　　　　　　　　　　　（思考・判断・表現）

・現在分詞、過去分詞を用いて名詞に説明を加える意識を持ち、自ら適切にコミュニケーションを図る。　　　　　　　　　　　　　　　　（主体的に学習に取り組む態度）

(3) 学習ロードマップ

K1	P1	R1
K2	P2	R2
K3	P3	R3

K1：本文から分詞の後置修飾を抜き出す。

K2：本文中の分詞の後置修飾が意味することを理解する。

P1：指示された情報から分詞の後置修飾を用いた英文を作成する。

P2：ある人（物）について説明する英文を作成する。

R1：現在完了形の役割を感覚から身に付ける。

(4) 単元計画

第1時	分詞の修飾の基本文型を理解し、基本例文を英語から日本語に直すことができるようにする。
第2時	分詞の修飾の基本文型を理解し、基本例文を日本語から英語に直すことができるようにする。
第3、4時	新出単語の理解、本文中の現在分詞の後置修飾の理解、テキスト本文の日本語訳及び日本語から英語への変換。
第5、6時	新出単語の理解暗記、本文中の過去分詞の後置修飾の理解、現在分詞の後置修飾の演習およびテキスト本文の日本語訳及び日本語から英語への変換。

2 実践のポイント……………………………………………

　名詞を説明するときに現在分詞、過去分詞のどちらを用いるかについての考え方をまず第一に身につけさせる必要がある。一番の基本は名詞と動詞の関係をとらえること。たとえば、a girl painting a picture では「女の子」が「絵を描いている」のであり、「女の子」が動作を行っている。つまり painting は、能動、目前の動きを表している。一方、a picture painted by the girl では「絵」は「女の子に描かれる」のであり、「絵」が動作を受けている、つまり描かれている、言い換えれば（その女の子によって描かれた絵）は、結果として生じたことで、すでに「動き」はないので受動、完了のニュアンスを持っている。また、分詞の後置修飾は、分詞1語で名詞を修飾する場合と違い、分詞を含んだまとまりのある語句でひとかたまりになって名詞の後ろに置かれて、後ろから名詞を修飾するという原則の理解も欠かせないことを反復して生徒達に理解させ、その概念に基づいた英文作成能力を身に付けさせたい。

3 本時の展開(第5時)……………………………………

(1) 分詞の後置修飾の英文を探す。第1、2時で学んだテキスト本文から英文を抜き出す

本文から名詞＋分詞を含んだまとまりのある語句を探し出そう。	(K1)

　The children **studying here** are my students.

　I know lots of people **injured by landmines**.

(2) 上記の2つの英文におけるそれぞれの studying here と injured by landmines はどのように違うか考えさせる

「現在分詞」と「過去分詞」では意味はどう違うか。	(K2)

生徒からは、現在分詞は進行形で使われて、過去分詞は受動態や、現在完了形で使ったことがあるという回答が期待される。この用法をもとにそれぞれの分詞を考えるように導き、意味の区別を行う。studying here の現在分詞 studying は目前の動き、一時的継続、能動のニュアンスがある、つまり「動き」がそこには見て取れることに気づかせたい。「目の前で勉強している」のである。それに対して、injured by landmines の過去分詞 injured は受動や完了を意味するので、そのニュアンスには現在分詞と違って「動き」はないことに気づかせたい。「地雷によって傷つけられている」のである。それぞれの持つニュアンスの違いを感じることによってそれぞれの分詞の使い分け、意味の違いを理解する能力を持たせるようにしたい。

　そこで、生徒に、次のように質問して、それぞれの分詞の持つニュアンスの違いを確かめさせる。

（例）

「落葉」は日本語では同じようであっても英語では異なって表現できます。

①落ちてゆく(落下中の)葉、②落葉を分詞を用いて表現しよう。

① （　　　　　　　） leaves

② （　　　　　　　） leaves

① falling　　② fallen

---

　①は「動き」があり、②は「動き」がないニュアンスがあると考えることができた。

(3) 指示された情報から分詞の後置修飾を用いた英文を作成する

紹介するもの	情報
"The Tale of Genji"	Murasaki Shikibu wrote this story.
Kairakuen	Tokugawa Nariaki made this garden.
"Yesterday"	We sing this song every morning.

（例）・"The Tale of Genji" is a famous story written by Murasaki Shikibu.

　　　・Kairakuen is a famous garden made by Tokugawa Nariaki.

　　　・"Yesterday" is a famous song sung by us every morning.

　指示した情報から過去分詞を使った後置修飾の英文を作らせるが、過去分詞に続く修飾語句がひとつの意味の固まりになっていること、過去分詞の持つニュアンスを意識させながら英文を作らせる。

(4) ある人について説明する英文を表現する

　分詞の後置修飾を使って、与えられた絵と情報を用いて、それぞれの行動が述べる英文を作成させる。

　　→絵の中の人物を説明する文を作りましょう。

（例）

The man ___talking on the phone___ is ___Mr. Ogawa___ .

　→絵を見ながら、それぞれの人物についての説明文を現在分詞の後置修飾を使った英文で作らせ、相手に伝えさせる。その際に、目前の動きを意識させて英文を考えさせることが大切である。また、生徒に自由に絵を書かせて、英文で説明する活動が、より深い理解へとつながるものと授業を通じて実感した。

4 授業改善の視点………………………………………………

　後ろから名詞を修飾して説明を加える表現は、分詞だけではなく、前置詞句、to 不定詞、関係詞節等があるが、いずれもまとまりのある語句で名詞を後ろから修飾する形容詞の働きをしている。日本語と異なる英語での表現方法を同じ役割を持つ表現方法として、中学 3 年生のいま身につけさせることは、今後の英作文の表現力を高めるのに大いに役立つ。

　また、現在分詞、過去分詞の持つニュアンスを中学生のうちに身に付けることは、今後、学習する、分詞の叙述用法（SV ＋分詞）、（SVO ＋分詞）や分詞構文においても必須のものであることを踏まえて、これを理解させ運用力を高めることは今後の指導においても欠かせないことである。

［森　雅彦］

情報描写力（関係代名詞を用いて情報を追加する力）

実施学年 **3年**

単元名 ▶ *COLUMBUS 21 English Course 3*（光村図書）
Unit 5　Dreams for the Future

1 実践の概要……………………………………………………

(1) 資質・能力の概要

　関係代名詞を用い、人や物に説明を付け加えることにより、情報をより詳しく相手に伝えることができる。また、英語ではある情報に対して、後から追加的に修飾させることができ、会話を膨らませたり、相手により詳しい情報を伝えることができるため、関係代名詞のみならず人や物を修飾する表現を身に付けることは大変重要である。

(2) 単元目標

・関係代名詞を用いて、人や物について説明を加えることができる。　　　　　（知識・技能）
・関係代名詞を用いて、将来の夢について書いて説明することができる。（思考・判断・表現）
・将来の夢について、理由も含め、わかりやすい文章で説明するとともに、相手の将来の夢や職業について理解できる。　　　　　　　　　　　　（主体的に学習に取り組む態度）

(3) 学習ロードマップ

K1	P1	R1
K2	P2	R2
K3	P3	R3

K1：本文から情報を伝える表現を抜き出す。
K2：関係代名詞を用いて、人や物に説明を加える方法を理解する。
P1：自分の将来の夢や職業について説明できる。
R1：相手に対して、人や物について情報を追加し、説明することができる。

(4) 単元計画

第1時　発音練習をしながら、新出単語、重要語（句）の意味を理解する。また、本文の読みの練習もする。

第2時　情報の追加の方法（関係代名詞）について理解する。

第3、4時　関係代名詞を用いて、人や物について、説明を付け加える。関係代名詞 that（目的格と主格）の用法を身に付ける。

第5時　関係代名詞を用いて、人や物について、説明を付け加える。関係代名詞 which（主格）、who（主格）の用法を身に付ける。

第6時　本文の発音練習をして、内容を理解する。

2 実践のポイント……………………………………………

　関係代名詞 that、which、who を用いて、人や物について情報を付け加えることが本単元の目標である。教科書が関係代名詞の理解を念頭に置かれて整理されているわけではないので、正確な運用ができるように指導者側で整理整頓して指導していく必要がある。

　情報を付け加えるとき、文の構造が理解できないと誤った形で情報を追加してしまうので、情報を加えられる名詞（先行詞）がどのような位置で追加する文に位置しているかを見極めることが必要不可欠である。

3 本時の展開(第2時)……………………………………

(1) 情報を付け加えている表現を探す

　第1時で読みの練習をした本文から情報を伝える表現を探す。

> 本文から人や物に情報を追加している文を抜き出そう。　　　　　　　　　　　(K1)

　　I can't forget the photos **that she showed us.**

　　I heard some music **that really touched my heart.**

　　I want to have a job **which helps other people.**

　　Students **who have to work hard** have a tough life.

(2) 情報を付け加える方法を理解する

> 次の文の下線部の語に、後の文を付け加えよう。　　　　　　　　　　　　　　(K2)

「私は<u>その写真</u>を忘れられない。」＋「彼女はそれらを私たちに見せてくれた。」

「私は<u>ある音楽</u>を聴いた。」＋「それは本当に私を感動させた。」

「私は<u>ある仕事</u>に就きたい。」＋「それは他人の役に立つ。」

「<u>学生たち</u>は大変な生活をしている。」＋「学生たちは一生懸命働かなければならない。」

　二つの文があり、一つの文をどのような形にすれば、人や物について、情報を付け加えることができるようになるのかを理解できる生徒はいないので、板書で十分に方法が理解できるようにする。

　そこで、次のように板書をしてまとめる。

> 　　I can't forget <u>the photos</u>. + She showed us <u>them.</u>
> 　　　　　　　　　　　　　　　　　　　情報を付け加えたい語と同じもの
> 　　　　　　　　　　　　　　　　　　　→関係代名詞 that に変え文頭に
> 　　I can't forget the photos <u>that</u> she showed us.

I heard some music. + It really touched my heart.

情報を付け加えたい語と同じもの

→関係代名詞 that に変え文頭に

I heard some music that really touched my heart.

同様に

I want to have a job. + It helps other people.

I want to have a job which/that helps other people.

情報を付け加える語が物の時、which でも that でも可能

Students have a tough life. + They have to work hard.

Students who/that have to work hard have a tough life.

情報を付け加える語が人の時、who でも that でも可能

　情報を付け加えた文を日本語にするときは追加した部分が先に来ることが理解できない生徒が多いので、英語の情報追加と日本語の情報追加の仕方を対比させて、理解させる。上記の四つ目の文を「学生たちは一生懸命働かなければならなくて大変な生活を送っている。」といった日本語にしてしまう生徒が多い。日本語は追加情報が先に来ることを理解させ、「一生懸命に働かなければならない学生たちは大変な生活を送っている。」との違いを認識させる。

(3) 関係代名詞 that を用いて情報を付け加える方法を理解する

　ここで、関係代名詞 that の使い方を理解し、運用できるようにする。

扇風機と医者について説明しよう。　　　　　　　　　　　　　　　　　　　(K2)

　後にどのような情報を追加してよいかわからない生徒が多数いることが予想される。まずは空所補充の日本語をヒントに考えてみる。

〈扇風機に関して〉
「これは（　　　　）です。」＋「日本人は（　　　　）を夏に使います。」
　　　　　機械　　　　　　　　　　　　　　それ
　　　　　　　　　　　　　↓
「これは日本人が夏に使う機械です。」
This is a machine. + Japanese people use it in summer.
　　　　　　　　　　　　　↓
　This is a machine that Japanese people use it in summer.
　　　　　　　which も可能
〈医者に関して〉
「医者は（　　　）です。」＋「（　　　　）は病院で病気の人を助けます。」
　　　　　　人　　　　　　　　　彼
　　　　　　　　　　　　　↓
「医者は病院で病気の人を助ける人です。」

A doctor is a person. ＋ He helps sick people in the hospital.
↓
A doctor is a person <u>that</u> helps sick people in the hospital.
who も可能

that は人に対しても、それ以外に対しても情報を追加するときに使用できることを確認させるとともに、主格での使い方と目的格での使い方に関しても理解させ、どちらでも使用が可能であることを定着させる。

（4）関係代名詞 which と who（主格）を用いて、情報を追加する方法を理解する

最後に、which と who の使い方を定着させる。

神戸と先生について説明をしよう。　　　　　　　　　　　　　　　　　　（K2）

That 以外を用いて、情報を追加する方法を理解する。

〈神戸に関して〉
「神戸はチャイナタウンで有名な都市です。」
Kobe is a <u>city</u> （　　　　　） is famous for Chinatown.
人以外
〈先生に関して〉
「先生は学校で生徒に教える人です。」
A teacher is a <u>person</u> （　　　　　） teaches students at school.
人

空所に that 以外だと which、who のいずれかになることを理解させ、その理由を完全に把握させる必要がある。

4 授業改善の視点

本単元の目標は関係代名詞 that（主格と目的格）、which と who の主格とかなり中途半端であるため、生徒が混乱をしてしまう単元である。きちんと体系的に先行詞や格の変化における関係代名詞の使い方を指導していく必要がある。Unit にとらわれず関係代名詞として補助教材を用いた文法指導が必要であると考える。できれば所有格の用法まで教えたところで、本単元に入ったほうがよいと考える。

また、日本語の修飾の仕方と関係代名詞を用いた英語の後置修飾の違いを早い段階から理解させないと、正確な理解ができないと考える。現在の検定教科書の多くは、関係代名詞の単元が体系的でなく、基本をすべて網羅していない教科書（指導内容）になっているので、指導者自ら考えて先取り学習をさせる必要がある。

［阪 幸信］

資料を読み解く力

単元名 ▶ *COLUMBUS 21 English Course 3* (光村図書)
Unit 6　Tina's Student News-Net

1 実践の概要 ………………………………………………

(1) 資質・能力の概要

　ネットや新聞、雑誌、教科書などメディアによる他者からの発信はこれまでになく大きくなっている。中学生でもそのようなリソースにさらされるのは現代では日常的である。必要な情報を読み取り、自身の意見を持ち、他者に伝え、他者の意見を聞き、また、新たな刺激を得て自分の意見を再構築する。母語ではすでに経験しているプロセスであるが、それを英語で行うには練習が重要である。英語で行うには、「語彙力」と「周辺知識の充実」と「自分の意見を持つこと」が必要である。中学で学んだことを高校で活かし探究ができるように、中学3年生で身につけさせたい資質・能力である。

(2) 単元目標

・何を「誰が・どこで・いつ・どのように」するか間接疑問文を用いて尋ね、また人やものを何と呼んでいるかを説明したり、尋ねたりすることができる。　　　　　　（知識・技能）
・環境問題などに関する文章を読んで、自分の考えを書いたり、伝えたりできる。

　　　　　　　　　　　　　　　　　　　　　　　　　　　　　　　（思考・判断・表現）

・環境問題を改善するために、自分自身の意見、行動、将来すべきこと、大きい規模での現状や目標を他者とのコミュニケーションを通して理解し、学んだ知識や自身でできることを実生活に活かす方法を考える。　　　　　　　（主体的に学習に取り組む態度）

(3) 学習ロードマップ

K1	P1	R1
K2	P2	R2
K3	P3	R3

K1：環境問題に対する語彙を理解する。

K2：間接疑問文の構造、call A + B の文を理解する。

K3：環境問題に対する資料や文を理解する。

P1：語彙とその説明文を一致させる。

P2：適切な語彙や既習表現を用いてある事象を表現する。

P3：皆の前で自身の意見を表現し、それに対する質問に受け答えする。

R1：自身の考えを理解する。

R2：他者と対話することにより、自身の考えの長所・短所を考え、改善点を考える。

R3：学んだことやできることを自身の行動や将来に反映させる。

(4) 単元計画

第1時　トピックに興味を持ち、新出単語（動詞を含む）、重要語（句）の意味を理解し、本文（前半）の内容を理解する。

第2時　間接疑問文の意味と形を理解し、教科書の絵を見て内容を理解する。
　　　　ウェブサイトから Tina が何に興味があるのかを理解する。

第3、4時　（call A＋B ）の意味と形を理解する。
　　　　パリでの Velib の取り組み内容と Gaspard の意見を読み取る。

第5、6時　（S ＋ V ＋how to 原形）の意味と形を理解する。
　　　　アフリカでの植林活動の様子や Amina の意見を読み取る。

第7時　（S ＋ V ＋ O ＋ 疑問詞 to 原形）の意味と形を理解する。
　　　　環境問題に対する Taku の意見と提案を読み取る。

第8、9時　自分で見つけた環境問題の英文内容を読み取り、理解する。
　　　　読み取った内容に関して、自分の意見を書き、伝える。

2 実践のポイント……………………………………………

　環境問題についての語彙を理解し、資料を読み解くことが、本単元の目標であるが、それにプラスして自身の環境問題に対する姿勢や今回学んだことを活かしてこれからの行動について考えてさせたいと考えた。しかし、教師から誘導するのではなくて、生徒自身が自発的に現在

世界で起こっている環境問題の資料を読み解くことで自身の経験や現状を踏まえて、自発的に考えさせるようにプランを作った。英語を使用してどこまでできるかは、語彙や表現に必要な文法事項をどこまで身に付けているかである。英検のライティング指導で自分の意見の述べ方とその根拠の示し方は学んできているので、それを元にどれくらい書けるかを試させたい。本文に出てくる表現で足りない場合は、資料に出てくるものを利用することも許可して作成し、それぞれの作文をクラスで交換し、意見を共有し、振り返りをさせる。

3 本時の展開(第8時)……………………………………

(1) 本文全体を通して聞き、内容を確認する

教師からの発問	(K3)

　T：How much water do you actually use every day?.

S：About 300 liters.

T：Yes, that's right. What do you use water for? Give me some examples.

S：We use water for taking a bath, washing, cooking and so on.

T：That's right. Water is also used to produce food that you eat. How much water is used to make one beef bowl?

S：About 1889 liters.

(2) 語彙の再確認を行う

定義を見せて正しい単語を考える。 (P1)

to use objects or materials again through a special process：recycle

cutting or burning down of all the trees in an area：deforestation

(3) 自分の考えをまとめる

本文を読んでの感想または調べ学習の感想を書く。 (P2)

What do you think of this situation?

①自分の考えをペアやグループで話し合う。

　（この時点では日本語を許可する）

②自分の考えをまとめ、英語で書く。（15分）

③自分の考えを述べる際に使える表現を板書する。

I think A is good / I don't think A is good. I have two reasons to support my opinion. First For example Second Such as However/ On the other hand In conclusion, All in all, Finally

(4) 原稿を推敲する （ペア・グループ）

①英文の間違いなどを見つけ、修正する。また、英文を読んでさらに聞きたいことや疑問に思ったことを相手の原稿に付箋で貼る。

②原稿を戻し、修正して、書かれたコメントに答える形で英文を整える。

(5) 自分の考えを発表する　グループで進行役を決め、順番に発表

(6) 自身の意見と他者の意見の違いや英語の質の違いに気づく

ある生徒が "Our action is really small but it isn't ignored. If we try hard, we can do many things." と書いたのを見て、自分たちも今の自分とできることを書きたいと何人もが口にした。その発言の後には、似たような、でも違う表現が多発した。これはピアによる学習の深まりである。教師が生徒の評価をするのではなく、生徒が選ぶベスト作品をグループ間で交換させ、判断を生徒自身がすることで刺激を受け、英語の質が高まった。

(7) 自己評価

振り返りをリフレクションペーパーに書く

生徒の感想を見ると、意外な人物が意外な行動を取っていることに非常に刺激を受けたという意見が多かった。また、自分たちに環境を守るためにできることがあると肯定的な意見を述べるものも多かった。ふざけたり、否定的な見解を持ったりするものが少ないことや、英語で表現できないというような英語の問題より、国語の作文の感想に似ていることにも興味を覚えた。

4 授業改善の視点

本単元では、世界で起こっている環境問題についての取り組みを知り、自身の現状、今後の改善点を考えることを計画して授業案を作成した。生徒は他者とコミュニケーションを取ることで、自己の意識と他者の意識を比較し、資料から世界のスタンダードや革新的な運動も知ることができた。自分とは違う行動のいくつかに刺激を受け（気づき）、自己の行動を振り返り（内省）、そして、今後の行動について自己だけでなく、他者にまで訴えかけようとしていた。実際、寮生活でエアコンの使い方やゴミの分別に気を遣うなど知識と生活を結びつける姿を見せたのは、授業が授業内に留まらない「深い学び」になったからではないだろうか。それだけに留まらず、春休みにある男子生徒は地元の清掃ボランティアに参加し、私に「英語で習ったことから地元で何をやろうかと考えたのは初めてだった」と休み後にわざわざ報告に来てくれた。ある女子生徒は母親と共に海外ボランティアに応募し、インドに出かけるきっかけになったと話した。これは探究や将来の職業に対する展望として学んだことやできることをどう使うかを熟考しているとも言える。

質的に見ると、環境問題の語彙はふんだんに使われていた反面、間接疑問文の出現率は極めて低く定着が不十分であることが露呈した。内容に重点を置いたこともあるが、自由度が高すぎると、無理せずにできる表現を使用することが多いので、条件を付けることや、練習を多くして反射的に出るようにする必要があると感じた。

［山本恭子］

want＋人＋to V、S＋V＋howなどの疑問詞＋to V、S＋V ＋O＋howなどの疑問詞＋to Vの形を用いて伝達する力

実施学年 3年

単元名▶ *COLUMBUS 21 English Course 3* (光村図書)
Unit 7　The Last Concert

1 実践の概要

(1) 資質・能力の概要

例えば「僕の写真を撮ってほしい」のように、他者に対して何かをしてほしいと思い、それを伝えることは、日常的な言語活動の一環である。また同様に、「お米の炊き方を知っていますか」や「彼はスマホのゲームをどうやって買ったらよいか教えてくれた」など、他者に対し、あることを行うための方法や場所、時などを尋ねたり、教えたりすることも、日常の言語活動においては、よく見るありふれた光景である。したがって、英語の運用能力を高める上で、こうしたことを英語で伝えるための資質・能力を身につけることは必要不可欠であろう。

(2) 単元目標

・want＋人＋to V や how to V の意味を理解する。　　　　　　　　　　（知識・技能）

・これらの形を用いて、英語で表現する。　　　　　　　　　　　　（思考・判断・表現）

・場面や状況に合わせて自ら適切にコミュニケーションを図ろうとする。

（主体的に学習に取り組む態度）

(3) 学習ロードマップ

K1	P1	R1
K2	P2	R2
K3	P3	R3

K1：want＋人＋to V や how to V の表現を知識として定着させる。

K2：want＋人＋to V、ask＋人＋to V、tell＋人＋to V の表現に共通する型を意識させ、より深い理解を促しつつ、個々の知識の定着を強化する。how to V についても、疑問詞＋to V の型を用いて同様の強化を行う。

P1：場面や状況に合わせて適切な表現を選び、用いる。

P2：これらの表現を用いて、手紙を書くなど、日常の事柄を英語で表現する。

R1：質問に答えることで、自身の考えを整理する。

(4) 単元計画

第1時　　発音練習をしながら、新出単語（動詞を含む）、重要語（句）の意味を理解し、

	本文（前半）の内容を理解する。
第 2 時	want+ 人 +to V について理解する。ask/tell+ 人 +to V について理解する。
第 3 時	場面や状況に合わせて want/ask/tell+ 人 +to V を選択し、用いる。これらの表現を用いて、日常的な事柄を英語で表現する。
第 4 時	発音練習をしながら、新出単語（動詞を含む）、重要語（句）の意味を理解し、本文（後半）の内容を理解する。
第 5 時	S+ V + how to V や S + V + O + how to V について理解する。
第 6 時	場面や状況に合わせて疑問詞 + to V の表現を選択し、用いる。これらの表現を用いて、日常的な事柄を英語で表現する。

2 実践のポイント……………………………………………………

　want+ 人 +to V、S + V + how to V および S + V + O + how to V の表現について理解することが本単元の主たる目標である。

　want+ 人 +to V については、学習の初期段階で特に英語を苦手とする生徒たちの間で want+to V との混用が頻繁に見られる。複数の用例を用意し、want+to V との違いを意識させつつ、口や手を動かしながら want+ 人 +to〜の型を概念化させていくのがよいのではないだろうか。

　また、この表現と共通した構造を持つものとして ask+ 人 +to V や tell+ 人 +to V の表現がある。教科書の Activity の問題を適宜利用するなどして、こうした表現にも触れ、共通する V + 人 +to V の型を意識させつつ、その一類型である want+ 人 +to V の型を知識としてより強固なものにしていくことも有効ではないかと思われる。

　次に、S + V + how to V や S + V + O + how to V については、語句整序問題などで how to V の型の定着度合いを確認してみると、how と to V を 1 つの語句のまとまりとして表現できない事例が散見される。how 以外の疑問詞になると、その度合いはさらに高まるように見受けられる。こうしたことが起こる理由の 1 つは、how to V という型（や他の疑問詞 +to V の型）が十分に概念化されておらず、この型にあてはめて表現することがあまり意識化されていない点にあると思われる。したがって、want+ 人 +to V の場合と同様、複数の用例を確認させながら、how to V という型の概念をまずは強固なものにしていく必要があるだろう。

3 本時の展開（第 3 時）……………………………………………

(1) want+ 人 +to V の形を探す

　第 1 時で学んだ本文から want+ 人 +to V の形を抜き出す。

本文から want+ 人 +to V の形を探し出そう。　　　　　　　　　　　　　　　　　　　　(K1)

We <u>want you to sing</u>.

You <u>really want me to sing?</u>

(2) want to V との違いに気づかせる

want to V と want+ 人 +to V の違いについて考えさせる。

---

want to V との違いについて考えてみよう。　　　　　　　　　　　　　　　(K1)

We <u>want to sing</u>.

You really <u>want to sing</u>?

(2) のような want to V の形はすでに学習済みであるので、まずはこのような英文の表す内容を確認しつつ、(1) の英文は形式上 (2) の英文とどこに違いがあるのか考えさせる。多くの場合、want と to V の間に人を表す表現が来ていることに気づくであろう。

(3) want + 人 +to V の表す意味

want+ 人 +to V の表す意味を理解させる。

---

want+ 人 + to V の表す内容を推測してみよう。　　　　　　　　　　　　　(K1)

---

(1) の 2 つの英文の表す意味を本文の文脈も考慮に入れながら、推測させる。正答が出てくればそれをもとに、出てこなければ教師の方で説明しながら、want+ 人 +to V の形で「人に to V してほしい (と思う)」という意味を表すことを確認する。類例をいくつか挙げ、(2) の形が表す内容との違いを意識させつつ、それぞれの英文が表す内容を確認する。

I <u>want you to be</u> happy. / I <u>want to be</u> happy.

My parents <u>want me to get</u> up early. / My parents <u>want to get</u> up early.

We <u>want her to read</u> more books. / We <u>want to</u> read more books.

また、例えば、次のような表現を用いて、ペアワークなどで want+ 人 +to V/want to V の型の表現を作らせてみる。最後に、もう一度 want+ 人 +to V / want to V の表す意味を確認、まとめとする。

clean the room / walk the dog / play the piano / write a letter (in English) / study hard / make a cake (in the kitchen) など。

(4) ask+ 人 +to V / tell+ 人 +to V への拡張

want+ 人 +to V との形の類似性を踏まえつつ、ask+ 人 +to V、tell+ 人 +to V の表現について理解させる。

---

want+ 人 + to V との類似性について考えてみよう。　　　　　　　　　　　(K2)

I <u>asked him to play</u> the piano.

My mother <u>told me to clean</u> the room.

上記のような例を提示し、want+ 人 +to V との形の上での類似性について考えさせる。動詞の後ろに人 +to V という形が続いているという指摘が生徒から出てきたら、V + 人 +to V という表現の型が英語にあり、このような型を取るかどうかは V によって決まることを説明する。want や ask、tell はその型をとる典型的な V であり、それぞれの動詞が用いられた時の意味は順に「人に to V してほしい（と思う）」、「人に to V するよう頼む」、「人に to V するよう言う」となることを説明する。これに基づき、上の例文がどのような内容を表しているか生徒同士で確認させたりしながら、これらの英文が表す内容を理解させる。以下のような類例をいくつか挙げて、ask+ 人 +to V や tell+ 人 +to V の型を知識として定着させる。

　　I asked him to open the window.

　　My parents asked me to wash the car.

　　He told me to do his homework.

　　We told Bill to go there by bike.

　また、(3) で挙げた clean the room のような表現を用いて、ペアワークなどで ask+ 人 +to V や tell+ 人 + to V の型の表現を作らせてみる。

4 授業改善の視点……………………………………………

　本単元で身に付ける表現の型は、日常の言語活動で自然と用いるようなものであり、その意味において重要性が高い。本時で扱った want/ask/tell+ 人 + to V の型それ自体は、to V の部分に来る表現をあらかじめ提示することで、ある程度理解するに至った。しかし、次の時限の目標でもある、この型を用いて生徒本人に自由に表現させることを本時で少し取り入れてみたところ、to V のところで表したい内容までを英語化するのに苦労する生徒が多かった。そうした内容を英語で表現させるためには、日頃から個々の表現を英語でどのように表せばよいかということを授業内でもっと取り入れていく必要がある。

［山田圭吾］

おわりに

　第2部の各実践で見てきたとおり、スキルコードに基づく指導には典型的な経路をたどるものもあれば、そこから逸脱しているものもある。基本的には典型的な経路に従った指導を考えていけばよいと思われるが、実際の指導にあたっては、生徒の実態に合わせることが何よりも大切である。読者におかれては、各実践例を参考に実際の指導に取り組み、スキルコードに基づく指導の妥当性を確かめていただきたい。授業がうまくいった場合、そうでなかった場合、それぞれのケースをスキルコードに照らし合わせて振り返ってみることも有効であろう。

　学校での英語指導を巡っては、時代の変化とともに様々な動きが見られる。英語の教師としては、そうした動向を把握しつつ、広く外国語学習とはどういうことなのかを考え続けていくことが大切である。例えば、英語以外の言語を学ぶことを通じ、外国語学習の難しさをあらためて実感しつつ、外国語を身につけるには各段階でどのようなことをしていかなければならないのかを考えていくのもよいだろう。そして、学校で行うことのできる英語指導とはどういったものか、学校で行うべき英語指導とはどのようなものなのかといったことをじっくり検討していくことは、英語の指導者として大切なことと思われる。

秀明大学　吉田和史

中学校新学習指導要領のカリキュラム・マネジメント シリーズ
スキルコードで深める中学校**英語科**の授業モデル

◎シリーズ監修者

富谷　利光　秀明大学学校教師学部教授
　　　　　　秀明大学学校教師学部附属秀明八千代中学校・高等学校校長

◎推薦のことば

清原　洋一　秀明大学学校教師学部教授
　　　　　　前文部科学省初等中等教育局主任視学官

◆第1部執筆者

吉田　和史　秀明大学学校教師学部准教授

◆第2部執筆者

大貫　洋子　秀明中学校・高等学校教諭

木村　　惠　秀明中学校・高等学校教諭

近藤　真介　秀明中学校・高等学校教諭

阪　　幸信　秀明中学校・高等学校教諭

野本　孝英　秀明中学校・高等学校教諭

森　　雅彦　秀明中学校・高等学校教諭

山本　恭子　秀明中学校・高等学校教諭

飯岡真由子　秀明大学学校教師学部附属秀明八千代中学校・高等学校教諭

加藤　勝則　秀明大学学校教師学部附属秀明八千代中学校・高等学校教諭

近藤　　崇　秀明大学学校教師学部附属秀明八千代中学校・高等学校教諭

西　　洋祐　秀明大学学校教師学部附属秀明八千代中学校・高等学校教諭

山田　圭吾　秀明大学学校教師学部附属秀明八千代中学校・高等学校教諭

〈編著者紹介〉

吉田和史（よしだ・たかし）

1968（昭和43）年、福岡県生まれ。秀明大学学校教師学部准教授。筑波大学大学院修了、修士（言語学）。私立武蔵高校、巣鴨学園、筑波大学等での指導を経て、2014（平成26）年より現職。

主な著書『事象と言語形式』（分担執筆「第9章　条件文における言語の経済性」）筑波大学現代言語学研究会編、三修社、2002年。

中学校新学習指導要領のカリキュラム・マネジメント

スキルコードで深める中学校英語科の授業モデル

2019年12月24日　初版第1刷発行

編著者───吉田和史

発行者───安部英行

発行所───学事出版株式会社
　　　　　　〒101-0021　東京都千代田区外神田2－2－3
　　　　　　電話 03-3255-5471　FAX 03-3255-0248

ホームページ　http://www.gakuji.co.jp

編集担当：丸山久夫

装丁：精文堂印刷制作室／内炭篤詞

印刷・製本：精文堂印刷株式会社